Giovanni Salierno

L'illusione di Eco
... l'inganno di Narciso

Giovanni Salierno

L'illusione di Eco … l'inganno di Narciso

I nomi e i luoghi delle testimonianze raccolte sono stati modificati in modo fittizio al fine di mantenere la privacy degli intervistati.

Qualsiasi somiglianza con persone, viventi o defunte, luoghi o fatti reali è puramente casuale.

Foto copertina:
"L'illusione di Eco … l'inganno di Narciso"
incisione a fuoco su legno di
Giovanni Salierno

© I edizione: Ottobre 2020

Dello stesso autore:

- *La deformazione del sé nello sguardo dell'altro: Con-vivere con la psoriasi*

- *Viaggio nella pelle: Con-Vivere con la psoriasi*

Tradotto in lingua inglese :
- *Journey into the skin: Co-Exist with psoriasis*

- *L'illusione di Eco … l'inganno di Narciso*

- *L'abbraccio di Gipsy*

- *L'anima di Gipsy*

- *Le anime raccontano Gipsy*

- *Il Tango di Gipsy*

INDICE

A te

A te che sei l'unica al mondo
L'unica ragione per arrivare fino in fondo
Ad ogni mio respiro
Quando ti guardo
Dopo un giorno pieno di parole
Senza che tu mi dica niente
Tutto si fa chiaro
A te che mi hai trovato
All'angolo coi pugni chiusi
Con le mie spalle contro il muro
Pronto a difendermi
Con gli occhi bassi
Stavo in fila con i disillusi
Tu mi hai raccolto come un gatto
E mi hai portato con te
A te io canto una canzone
Perche non ho altro

Niente di meglio da offrirti
Di tutto quello che ho
Prendi il mio tempo
E la magia
Che con un solo salto
Ci fa volare dentro all'aria
Come bollicine
A te che sei
Semplicemente sei
Sostanza dei giorni miei
Sostanza dei giorni miei
A te che sei il mio grande amore
Ed il mio amore grande
A te che hai preso la mia vita
E ne hai fatto molto di più
A te che hai dato senso al tempo
Senza misurarlo …

"*A te*" Canzone di Lorenzo Cherubini
Pubblicazione 07.03.2008
Tratta dall'album Lorenzo 1999 - *Capo Horn*

Premessa

Questa è la storia di Rebecca una mia paziente.

Rebecca con il suo vissuto rappresenta la storia di tante donne che si trovano o si sono trovate nella medesima situazione. Lei è Eco, devota completamente al marito fino ad annullarsi.

Narciso l'ha vista sempre e solo come un oggetto da usare senza mai amarla.

Rebecca sta male alla scoperta del tradimento, dove accusa l'amante e non il marito.

Inizialmente, fatica a credere che l'amore vissuto fino a quel momento non sia stato quello vero dei suoi sogni.

Introduzione

- *Ma lei si è mai innamorata?*
- *No … non lo so! … forse …*
  credo di no!

Si chiama Rebecca, ha trentanove anni, è una donna alta e slanciata. Porta sempre i capelli rossi ricci, sciolti che le arrivano lungo le spalle. Sempre vestita in maniera sobria con tutti i colori a tinta, lo smalto delle unghie è uguale al colore del rossetto, della borsa e degli orecchini. Mai senza scarpe con tacco alto.

Arriva al primo appuntamento in anticipo. Sua cugina le aveva consigliato di rivolgersi ad un professionista affinché l'aiutasse.

La prima volta che è entrata nello studio aveva gli occhi gonfi di chi aveva pianto per ore. Ha continuato il suo pianto anche durante tutta la seduta:

- Io - Come mai ha pianto così tanto da far arrossare i suoi occhi?

- Lei – La settimana scorsa ho trovato una chat aperta sul pc di mio marito. Ho letto alcuni messaggi. Sono stata incuriosita quando ho visto che parlava con Jill, la nuova segretaria assunta da poco!

- Io - Le capita spesso di accedere alle chat private di suo marito o è stata la prima volta?

- Lei – Lui chiude sempre tutto, ma l'altro giorno mentre era al computer, ha ricevuto la telefonata della madre che era caduta e stava all'ospedale, è corso via. Non ha chiuso il pc.

Quando mi sono seduta al terminale, con sorpresa, ho la chat ancora in corso.

Mi sono incuriosita, ho pensato che fosse strano che dialogasse con lei oltre l'orario lavorativo.

Ho iniziato a leggere, c'erano messaggi solo della giornata, non ve ne erano di vecchi.

Lui ha scritto che quella sera, aveva voglia di vederla in webcam e con le sue "magiche tette" come l'altra volta. Mi sono sentita soffocare mentre ho letto quelle parole. Qualcosa mi ha stretto alla gola.

- Io – quando è tornato suo marito cosa gli ha detto?

- Lei – quello ha negato tutto e poi si è incazzato che io ho letto, quasi mi ha fatto passare dalla ragione al torto.

Ora ne sono convinta, ho sempre voluto far finta che non fosse così, questo è il suo ennesimo tradimento. Voglio il divorzio.

- Io - Perché parla di altri tradimenti?

- Lei – Non ho le prove, non ci volevo credere, ma anche in passato è successo. Stamattina li ho visti insieme correre. Sorridevano e parlavano, erano felici, si sono fermati e baciati. Come se nulla fosse del nostro litigio, come se io non esistessi per niente.

Non so cosa mi sia preso, avrei voluto distruggere il mondo intero in quel momento. Se non ci fosse stato nessuno in giro forse l'avrei ammazzata, ma mi sono limitata ad incidere con le chiavi sul cofano dell'auto di lei che è una figlia di "prostituta". Immagino la sua faccia quando avrà letto … è il minimo!!!

Apre la borsa, tira fuori un coltello da cucina affilato, dice che ora cammina così, se la incontra, non sa cosa succederà. Dice che prima o poi la troverà lungo il suo cammino.

… La incontrerà dopo pochi giorni dalla seduta, mi telefona e mi chiede cosa fare. Sembra voler lasciare a me le decisioni!
Iniziamo a vederci una volta a settimana.

… 25 anni trascorsi insieme al marito, dice di essersi annullata per seguire lui nelle sue attività agonistiche quali nuoto e pallanuoto, ha rinunciato all'università per creare una famiglia quando lui l'ha voluto; le mancavano pochi esami. Racconta i suoi innumerevoli sacrifici per lui, in nome dell'amore, la sua vita trascorsa dedicata al marito.

… Si è sentita pugnalata al cuore, e quasi voleva ripagare così chi le aveva distrutto una vita intera. Una vita apparentemente felice e come definisce lei stessa da: "Famiglia allegra del Mulino Bianco".

… Trascorrono i giorni, le settimane, cerca e trova un suo spazio nel ballo della salsa, l'unica passione della sua vita dopo la famiglia …

… Ogni volta che viene in seduta, mi dice di aver conosciuto qualcuno, di esserci uscita, me ne parla entusiasta quasi come se avesse ritrovato quell'amore perso …

La seduta successiva ritorna in lacrime. E' delusa, tutto si è rotto come una bolla di sapone.

La sua ricerca sembra quella del Sacro Graal, destinata ad essere eterna, ogni volta crede di aver incontrato la persona giusta, ma poi non è così.

Durante una seduta chiedo se si è mai innamorata, esita nel rispondere, abbassa lo sguardo, ci sono dei minuti di silenzio …

No … non lo so!...forse credo di no! Scoppia a piangere e mi chiede cosa sia l'amore, lei per una vita intera ha creduto di amare e di essere amata, poi ha scoperto tristemente che non era così.

Mi chiede di farle capire cos'è l'amore, di spiegarle cosa sia l'innamoramento.

Vuole sapere se in questi anni lei ha amato veramente il marito o la sua è stata tutta un'illusione.

Rebecca si interroga sull'amore e l'innamoramento.

Ecco perché ho deciso, in questo mio lavoro, di occuparmi di questo tema. Esplorare i concetti e le definizioni dell'infatuazione, dell'innamoramento, dell'amore e la paura di amare attraverso l'arte, la cultura, la filosofia e la psicologia.

Analizzare il legame che si viene a creare tra la dipendente affettiva e il narcisista patologico.

CAPITOLO I

1.1 L'amore nei miti classici

*Sono venuto qui stasera perché,
quando ti rendi conto che vuoi passare
il resto della tua vita con una persona,
vuoi che il resto della tua vita
inizi il prima possibile.*

Film: *"Harry ti presento Sally"*

L'amore di Rebecca verso suo marito, il suo essere devota a qualunque cosa egli facesse o volesse l'ha portata ad annullarsi.

"Mi ricordo che stavo al quinto anno di medicina, quando lui decise che ci saremmo sposati, mi disse anche che era difficile che io potessi continuare a studiare, sebbene mi mancasse di scrivere solo la tesi.

Mi chiedeva di aiutarlo nel suo lavoro, lui in quegli anni era un bravo giocatore di pallanuoto, io lo dovevo seguire nelle sue gare in giro per l'Italia e l'Europa.

Gli cucinavo tutto pesato.

…. Una volta, quando mio figlio aveva 13 mesi ebbe la febbre molto alta. Io ero spaventata, lo tenevo stretto tra le mie braccia. Mio marito, più volte, guardandomi diceva che dovevo mettere il piccolo nella culla e lasciarlo piangere perché tanto il mio abbraccio non lo avrebbe curato! Diceva anche che il mio tempo sicuramente era speso meglio se mi occupavo di lui."

Ascoltando la storia di Rebecca sembra quasi di sentire la versione moderna del racconto di Ovidio[1].

---

[1] Ovidio - *Le metamorfosi. Libro Terzo*

1.2 Eco e Narciso

"Nell'antica Grecia, in un giorno lontanissimo, Cefiso, il dio delle acque, rapì la ninfa Liriope. Si amarono teneramente e dalla loro unione nacque un figlio che fu chiamato Narciso.

Gli anni passarono e Narciso divenne un ragazzo meraviglioso. Liriope volle salvaguardare la bellezza del giovinetto; si recò perciò dall'astrologo Tiresia che, dopo aver consultato l'oracolo, le disse: 'Narciso vivrà molto a lungo e la sua bellezza non si offuscherà fin tanto che il giovinetto non vedrà il riflesso del suo volto.'

La profezia di Tiresia si avverò: Narciso restò per sempre adolescente, mantenendo intatta la sua bellezza che svegliava i più teneri sentimenti nelle ninfe che l'avvicinavano.

Ma lo splendido ragazzo sfuggiva il mondo e l'amore e preferiva trascorrere il tempo passeggiando da solo nelle foreste sul suo cavallo oppure andando a caccia di animali selvatici.

Un giorno, mentre cacciava, sentì rimbalzare
tra le gole della montagna una voce che si
esprimeva in canti e risate.

Era Eco, la più incantevole e spensierata ninfa
della montagna che, al sol vederlo, s'innamorò
perdutamente di lui. Narciso era tanto fiero e
superbo della propria bellezza che gli pareva cosa
di troppo poco conto occuparsi di una semplice
ninfa.

Non così era per Eco che da quel giorno seguì il
giovinetto ovunque andasse, accontentandosi di
guardarlo da lontano.

L'amore e il dolore la consumarono: a poco a
poco il sangue le si sciolse nelle vene, il viso le
divenne bianco come neve e, in breve, il corpo della
splendida fanciulla divenne trasparente al punto
che non proiettava più ombra sul suolo.

Affranta dal dolore si rinchiuse in una caverna
profonda ai piedi della montagna, dove Narciso
era solito andare a cacciare. Lì con la sua bella
voce armoniosa continuò a invocare per giorni e
notti il suo amato. Inutilmente perché Narciso, che
pur udiva l'angoscioso richiamo, non venne mai.

Della ninfa rimasero solo le ossa e la voce. Le
ossa presero la forma stessa della cava roccia ove il
suo corpo era rannicchiato e la voce visse eterna
nella montagna solitaria. Da allora essa risponde

accorata ai viandanti che chiamano. Ma è fioca e lontana e ripete perciò solo l'ultima sillaba delle loro parole.

Ha perduto la sua forza invocando Narciso, il crudele cacciatore che non volle ascoltarla.

Narciso non ne fu affatto addolorato della sorte della ninfa e continuò la sua vita appartata. Fu allora che intervennero gli dei per punire tanta ingratitudine.

Un giorno, mentre il superbo giovinetto si bagnava in un fiume, vide per la prima volta riflessa nell'acqua limpida l'immagine del suo viso.

Se ne innamorò perdutamente e per questa ragione tornò di continuo sulle rive del fiume ad ammirare quella fredda figura. Ma ogni volta che tendeva la mano nel tentativo di afferrarla, la superficie dell'acqua s'increspava, ondeggiava e l'immagine spariva.

Una mattina, per vederla meglio, si sporse di più e di più finché perse l'equilibrio cadendo nelle acque del fiume che si rinchiusero per sempre sopra di lui.

Il suo corpo fu trasformato in un fiore di colore giallo dall'intenso profumo, che prese il nome di Narciso."

Il mito di "*Narciso ed Eco*" ci permette di rilevare come questi due personaggi mitologici rappresentano due facce di una stessa medaglia. Due facce però inesorabilmente divise ed opposte.

Narciso incarna chi non conosce l'altro/a diverso da sé, mentre Eco è l'alterità assoluta che non conosce la propria identità o l'annulla.

Narciso sa amare solo se stesso e tiene fuori dalla sua affettività il resto del mondo, non si apre all'altro, non vuole correre il rischio di tradire se stesso. Aprirsi all'altro significa mettere in discussione il proprio modo di essere, correre il rischio di sentirsi fragile, essere alla mercé dell'altro, dipendere dall'altro, e non ultimo, senza alcuna garanzia di non essere traditi o delusi.

La paura della sofferenza per l'eventuale fallimento genera la decisione di chiudersi nel proprio mondo, lasciando fuori tutti, indiscriminatamente.

Per Eco il discorso è diametralmente opposto, vive l'assoluta alterità, esiste solo in funzione di ciò che prova per l'altro, e quando non viene corrisposta la sua vita perde ogni significato, senso o scopo, non le rimane altro che lasciarsi morire.

Il non riconoscimento di una propria identità di esistere cioè a prescindere dall'altro, manca del tutto; è come se ragionasse in questi termini: "Io esisto perché tu, con il tuo amore, mi fai esistere, da sola non sono nulla".

"Narciso ed Eco" permettono di descrivere, il primo, il disturbo narcisistico di personalità e la seconda la dipendenza affettiva. Entrambi per un verso o un altro generano un amore non sano e forse mostrano proprio come non debba essere l'amore.

Il marito di Rebecca rappresenta Narciso, esisteva solo lui, non ha mai visto la fidanzata/moglie ed i figli. Per lui, esistevano solo le sue gare o il suo lavoro.

Il suo tempo era prezioso, e Rebecca doveva dedicarsi solo a lui e annullare se stessa e i figli. La sua storia non solo richiama quella di Ovidio, ma anche in quella di Apuelio[2].

---

[2] Lucio Apuleio Lucio Saturnino, Le metamorfosi (o Asino d'oro).

1.3 Amore e Psiche

"Psiche, una bellissima fanciulla, figlia di un re non riesce a trovare marito, diventa l'attrazione di tutti i popoli vicini che le offrono sacrifici e la chiamano, per la sua straordinaria bellezza, come la dea Venere.

La divinità, saputo ciò, diviene gelosa della fanciulla, invia pertanto suo figlio Eros (o anche conosciuto come Cupido, dio dell'amore) perché la faccia innamorare dell'uomo più brutto della terra. Eros sbaglia mira e la freccia d'amore che scocca colpisce il proprio piede così si innamora perdutamente di Psiche.

Intanto, i genitori di Psiche consultano un oracolo che risponde in merito al destino di Psiche: "Come a nozze di morte vesti la tua fanciulla ed esponila, o re, su un'alta cima brulla. Non aspettarti un genero da umana stirpe nato, ma un feroce, terribile, malvagio drago alato che volando per l'aria ogni cosa funesta e col ferro e col fuoco ogni essere molesta. Giove stesso lo teme, treman gli dei di lui, orrore ne hanno i fiumi d'Averno e i regni bui.(IV, 33)"

Con l'aiuto di Zefiro, Eros trasporta Psiche al suo palazzo dove le impone degli incontri notturni, al buio completo. Così avviene per molte notti, Psiche conosce una passione che non era concessa a nessuna donna.

La fanciulla, essendo prigioniera, chiede all'amato di poter fare ritorno alla sua casa per abbracciare i suoi cari. Lì, le sorelle le insinuano il dubbio che il suo amato sia un mostro; pertanto lei deve accertarsi che sia il drago predetto dall'oracolo.

Così Psiche, una notte, con un pugnale ed una lampada ad olio decide di vedere il volto del suo amante, sebbene pensi che l'amante tema la luce per la sua natura malvagia e bestiale.

Questa bramosia di conoscenza e la paura della fanciulla, le furono fatali poiché una goccia d'olio cadde dalla lampada ustionando Eros.

" … colpito, il dio si risveglia; vista tradita la parola a lei affidata, d'improvviso silenzioso si allontana in volo dai baci e dalle braccia della disperata sposa (V, 23)"

Eros volò via e lei tentò invano di fermarlo.

Non si videro più. Psiche in preda al dolore tentò anche il suicidio, ma ciò le fu impedito dagli dei.

Psiche iniziò così a vagare per città e città alla ricerca del suo sposo, ma tutto fu vano. Allora si vendicò delle sorelle e cercò di procurarsi la benevolenza degli dei, dedicando le sue cure ai templi che incontrava sul suo cammino.

Quando arrivò al tempio di Venere, ne chiese il perdono per aver ferito il figlio.

Venere a tal punto decise di sottoporre Psiche a diverse prove.

Nella prima la fanciulla doveva suddividere un mucchio di granaglie di diverse dimensioni in tanti mucchietti uguali.

Disperata per l'ardua impresa ella non provò nemmeno ad assolvere il compito che le era stato assegnato, ma ricevette un aiuto inaspettato da un gruppo di formiche che provarono pena per lei.

La seconda prova consisteva nel raccogliere la lana d'oro di un gruppo di pecore. Quando Psiche fece per avvicinarsi alle pecore, una verde canna l'avvertì, mettendola in guardia che le pecore erano molto aggressive di giorno, ma che la notte avrebbe potuto raccogliere la lana rimasta tra i cespugli.

La terza prova consisteva nel raccogliere acqua da una sorgente che si trovava nel mezzo di una cima tutta liscia ed a strapiombo.

Venne aiutata dall'aquila dello stesso Giove.

L'ultima e più difficile prova consisteva nel di scendere negli Inferi e chiedere alla dea Proserpina (o Persefone) un po' della sua bellezza. Psiche meditò il suicidio tentando di gettarsi dalla cima di una torre per poter raggiungere Proserpina negli inferi quando la torre si animò indicandole come assolvere la sua missione.

Psiche durante il ritorno, mossa dalla curiosità, aprì l'ampolla datale da Venere contenente il dono di Proserpina, che in realtà altro non era che il sonno più profondo. Questa volta giunse in suo aiuto Eros, che la risvegliò dopo aver rimesso a posto la nuvola soporifera uscita dall'ampolla e andò a chiedere aiuto a suo padre. Solo alla fine, lacerata nel corpo e nella mente, Psiche ricevette con l'amante l'aiuto di Giove. Mosso da compassione il padre degli dei fece in modo che gli amanti si riunissero. Psiche divenne una dea e sposa Eros. Il racconto termina con un grande banchetto al quale parteciparono tutti gli dei, alcuni anche in funzioni inusuali: per esempio, Bacco fece da coppiere, le tre Grazie suonarono e il dio Vulcano si occupò di cucinare il ricco pranzo. Più tardi nacque la loro

figlia, concepita in una delle tante notti di passione dei due amanti prima della fuga dal castello.
La bambina venne chiamata Voluttà, ovvero Piacere."

La favola di Amore e Psiche è stata oggetto di varie interpretazioni.

Psiche spinta dalle sorelle, che rappresentano il lato matriarcale della femminilità, ribellandosi alla situazione di oscurità in cui è costretta, illumina Eros con la lampada: è quest'atto di conoscenza la porta ad amare veramente.

"L'amore come espressione dell'animo femminile non è possibile nell'oscurità soltanto come processo inconscio; il vero incontro con l'altro include la presenza della coscienza e con ciò anche l'aspetto della sofferenza e della separazione.

Psiche ferisce se stessa e ferisce Eros determinando, in tal modo, la dissoluzione della loro unione inconscia.

Solo grazie a questa doppia ferita nasce la possibilità di un reale incontro tra due individualità.". (Neumann E., 1989).

La storia di "Amore e Psiche" da un lato costituisce un testo esemplare sulla psicologia della donna e sull'evoluzione femminile; dall'altro rappresenta l'affermazione di un nuovo principio d'amore, in cui l'incontro tra il maschile ed il femminile diventa il fondamento dell'individuazione.

L'incontro nell'amore è nell' individuazione, dove bisogna "vedere" l'altro diverso da noi.

La psiche si risveglia e sente il bisogno di conoscere l'altro, di potersi separare da esso ed individuarsi, passare dalla simbiosi della coppia dell'innamoramento, al vero amore dove c'è distinzione tra i due. Facendo luce sulle problematicità e criticità tutto si può superare se si ama veramente.

Psiche supera le tre prove date da Venere in nome dell'amore che prova verso Eros.

La conoscenza dell'altro non può avvenire di colpo come fa Psiche illuminando Eros con la lampada, altrimenti ci si può bruciare perché non siamo preparati.

La conoscenza deve essere graduale, come graduale cresce l'amore.

Rebecca è andata alla scoperta del marito solo negli ultimi anni.

Lei ha vissuto più di vent'anni senza realizzare che il marito pensava solo a se stesso, esisteva solo lui e lei era in piena simbiosi, senza sapersi differenziare e distinguere.

E gradualmente Rebecca, con il passare del tempo, ha scoperto che ciò che cresceva in lei non era amore per il marito, ma una sorta di sudditanza e dipendenza.

1.4 L'Androgino

Aristofane[3], nel suo simposio di Platone, narra il mito dell'Androgino e di come l'essere umano metà uomo e metà donna fosse così completo da divenire arrogante verso Zeus per il suo senso di completezza.

"Mi sembra che gli uomini non si rendano assolutamente conto della potenza dell'Eros. Se se ne rendessero conto certamente avrebbero elevato templi e altari a questo dio, e dei più magnifici, e gli offrirebbero i più splendidi sacrifici.

Non sarebbe affatto come è oggi, quando nessuno di questi omaggi gli viene reso. E invece niente sarebbe più importante, perché è il dio più amico degli uomini: viene in loro soccorso, porta rimedio ai mali la cui guarigione è forse per gli uomini la più grande felicità.

Dunque cercherò di mostrarvi la sua potenza, e voi fate altrettanto con gli altri. Ma innanzitutto

---

[3] Durante il simposio, prende la parola anche il commediografo Aristofane e dà la sua opinione sull'amore narrando il mito.

bisogna che conosciate la natura della specie umana e quali prove essa ha dovuto attraversare. Nei tempi andati, infatti, la nostra natura non era quella che è oggi, ma molto differente. Allora c'erano tra gli uomini tre generi, e non due come adesso, il maschio e la femmina. Ne esisteva un terzo, che aveva entrambi i caratteri degli altri.

Il nome si è conservato sino a noi, ma il genere, quello è scomparso. Era l'ermafrodito, un essere che per la forma e il nome aveva caratteristiche sia del maschio che della femmina. Oggi non ci sono più persone di questo genere. Quanto al nome, esso ha tra noi un significato poco onorevole.

Questi ermafroditi erano molto compatti a vedersi, e il dorso e i fianchi formavano un insieme molto arrotondato. Avevano quattro mani, quattro gambe, due volti su un collo perfettamente rotondo, ai due lati dell'unica testa. Avevano quattro orecchie, due organi per la generazione, e il resto come potete immaginare. Si muovevano camminando in posizione eretta, come noi, nel senso che volevano.

E quando si mettevano a correre facevano un po' come gli acrobati che gettano in aria le gambe e fan le capriole: avendo otto arti su cui far leva, avanzavano rapidamente facendo la ruota. La ragione per cui c'erano tre generi è questa, che il maschio aveva la sua origine dal Sole, la femmina dalla Terra e il genere che aveva i caratteri d'entrambi dalla Luna, visto che la Luna ha i caratteri sia del Sole che della Terra. La loro forma e il loro modo di muoversi era circolare, proprio perché somigliavano ai loro genitori. Per questo finivano con l'essere terribilmente forti e vigorosi e il loro orgoglio era immenso. Così attaccarono gli dèi e quel che narra Omero di Efialte e di Oto, riguarda gli uomini di quei tempi: tentarono di dar la scalata al cielo, per combattere gli dèi.

Allora Zeus e gli altri dèi si domandarono quale partito prendere. Erano in grave imbarazzo: non potevano certo ucciderli tutti e distruggerne la specie con i fulmini come avevano fatto con i Giganti. Questo, infatti, avrebbe significato perdere completamente gli onori e le offerte che venivano loro dagli uomini; ma neppure potevano tollerare oltre la loro arroganza. Dopo aver laboriosamente riflettuto, Zeus ebbe un'idea. "Io credo - disse - che abbiamo un mezzo per far sì che la specie umana sopravviva e allo stesso tempo che rinunci alla propria arroganza: dobbiamo renderli più deboli. Adesso - disse - io taglierò ciascuno di essi in due, così ciascuna delle due parti sarà più debole.

Ne avremo anche un altro vantaggio: il loro numero sarà più grande.

Essi si muoveranno dritti su due gambe, ma se si mostreranno ancora arroganti e non vorranno stare tranquilli, ebbene io li taglierò ancora in due, in modo che andranno su una gamba sola, come nel gioco degli otri." Detto questo, si mise a tagliare gli uomini in due, come si tagliano le sorbe per conservarle, o come si taglia un uovo con un filo. Quando ne aveva tagliato uno chiedeva ad Apollo di voltargli il viso e la metà del collo dalla parte del taglio in modo che gli uomini, avendo sempre sotto gli occhi la ferita che avevano dovuto subire, fossero più tranquilli. Apollo voltava allora il viso e, raccogliendo d'ogni parte la pelle verso quello che oggi chiamiamo ventre, come si fa con i cordoni delle borse, faceva un nodo al centro del ventre non lasciando che un'apertura - quella che adesso chiamiamo ombelico. Quanto alle pieghe che si formavano, il dio modellava con esattezza il petto con uno strumento simile a quello che usano i sellai per spianare le grinze del cuoio. Lasciava però qualche piega, soprattutto nella regione del ventre e dell'ombelico, come ricordo della punizione subìta. Quando dunque gli uomini furono così tagliati in due ciascuna delle due parti desiderava ricongiungersi all'altra. Si abbracciavano, si stringevano l'un l'altra, desiderando null'altro che di formare un solo essere. E così morivano di fame e d'inazione perché ciascuna parte non voleva far nulla senza l'altra. E quando una delle due metà moriva e l'altra sopravviveva, quest'ultima ne cercava un'altra e le si stringeva addosso - sia che incontrasse l'altra metà di genere femminile, cioè quella che noi oggi chiamiamo una donna, sia che ne incontrasse una di genere maschile che oggi chiamiamo uomo. E così la specie si stava estinguendo.

Ma Zeus, mosso da pietà, ricorse a un nuovo espediente. Spostò sul davanti gli organi della generazione. Fino ad allora infatti gli uomini li avevano sulla parte esterna, e generavano e si riproducevano non unendosi tra loro, ma con la terra, come le cicale. Zeus trasportò dunque questi organi nel posto in cui noi li vediamo, sul davanti, e fece in modo che gli uomini potessero generare accoppiandosi tra loro, l'uomo con la donna.

Il suo scopo era il seguente: nel formare la coppia, se un uomo avesse incontrato una donna, essi avrebbero avuto un bambino e la specie si sarebbe così riprodotta; ma se un maschio avesse incontrato un maschio, essi avrebbero raggiunto presto la sazietà nel loro rapporto, si sarebbero

calmati e sarebbero tornati alle loro occupazioni,
provvedendo così ai bisogni della loro esistenza.
E così sin da quei tempi lontani in noi uomini
è innato il desiderio d'amore, per riformare l'unità
della nostra antica natura. Dunque ciascuno di noi
è una frazione dell'essere umano completo
originario. Per ciascuna persona ne esiste dunque
un'altra che le è complementare ..."

Questo mito interessò anche Freud che lo citò ne: "Tre Saggi sulla vita sessuale" (1905). Lo riprese quindici anni dopo ne: "Al di là del principio di piacere" (1920). Secondo l'autore, al culmine dell'innamoramento, il confine tra Io e oggetto amato minaccia il dissolversi (Bergmann S.).

Anche nella Bibbia c'è un significato simbiotico dell'amore: perciò un uomo lascia suo padre e sua madre e si unisce con sua moglie e formano una sola carne" (Genesi, 2,24).

L'intento di Rebecca è stato, durante gli anni del matrimonio, di stare sempre con il marito e fare tutto ciò che egli volesse, perciò alla scoperta che il marito aveva un'amante, è andata completamente in crisi. Per Rebecca vedere l'amante del marito è stato come quando Zeus separò l'androgino, infatti, è stato per lei come essere tagliata dall'amato.

Rebecca divenendo simbiotica con il marito, assecondandolo in tutto ciò che egli voleva, ha annullato se stessa per essere parte di lui.

Era come se Rebecca si auto-bastava, aveva ottenuto a suo modo entrambe le parti. Lei con il suo agire, bastava a se stessa.

Con il suo fare e modo di essere ha incarnato entrambi gli aspetti.

Il tradimento del marito e la successiva separazione sono stati una sofferenza per lei perché è stata pari al taglio subito dall'Androgino da parte di Zeus.

1.5 Il mito di Demetra e Persefone

*'Demetra chioma bella, dea veneranda, inizio a
cantare
e insieme la figlia dalle belle caviglie, che
Aidoneo rapì:
gliel'aveva donata Zeus vasta voce, tuono
profondo
di nascosto a Demetra spada d'oro, splendore di
messi.
Giocava insieme alle figlie altocinte di Oceano,
coglieva fiori sopra un morbido prato:
rose, croco, viole belle, iridi e il giacinto e il
narciso
che Gea creò, insidia per la fanciulla dal volto
di rosa
secondo il volere di Zeus, per compiacere il dio
che ospita molti,
mirabile fiore splendente, un prodigio allora a
vedersi
per tutti gli dèi immortali e gli uomini mortali.
Dalla radice sbocciavano cento fiori,
al profumo soave tutto il vasto cielo in alto,*

*tutta la terra sorrise, e l'onda salmastra del
mare.
Incantata ella distese entrambe le mani
per cogliere quel bel gioco e la terra larghe vie si
spalancò
nella pianura di Nisa, ne balzò fuori su cavalle
immortali
il dio che tutti i defunti riceve, il figlio molti
nomi di Crono;
rapì lei riluttante sul carro d'oro
e la condusse, in singhiozzi: levava alte grida
invocando il padre Cronide, eccelso e perfetto.
Nessuno degli immortali né degli uomini
mortali
udì la sua voce, neppure le sue fiorenti
compagne,
ma solo la figlia cuore sereno di Perse
la udì dal suo antro, Ecate dal velo splendente,
e il sire Elios, luminoso figlio di Iperione,
udì la ragazza che invocava il padre Cronide,
ma questi
sedeva lontano dagli dèi, in un tempio di molte
preghiere
accettando vittime belle dagli uomini destinati a
morire.
Lei riluttante condusse via per volere di Zeus*

*il dio suo fratello, che regna su molti, che ospita
molti,
su cavalle immortali, il figlio molti nomi di
Crono.
Finché scorse la terra e il cielo stellato
e il mare pescoso dall'onda perenne e i raggi del
sole,
la dea, per quanto angosciata, ancora sperava
di rivedere
la madre veneranda e la stirpe degli dèi eterni,
ancora la speranza confortava la sua grande
mente*

…

*e risposero le cime dei monti e gli abissi del
mare
alla voce immortale, l'udì la madre veneranda.
Acuto dolore le trafisse il cuore, con le mani
lacerava il diadema sulle chiome immortali,
si gettò sopra le spalle il velo scuro,
mosse rapida come un uccello sulla terra e sul
mare
a cercarla, ma non voleva dirle il vero
nessuno degli dèi né degli uomini mortali
né alcuno degli uccelli a lei giunse come
messaggero verace.
Nove giorni allora sopra la terra la veneranda
Deò*

s'aggirava reggendo in mano fiaccole ardenti,
mai toccò ambrosia o nettare dolce da bere,
angosciata, né immerse le sue membra in
lavacri.
Ma quando luminosa arrivò la decima aurora,
le venne incontro Ecate reggendo tra le mani
una fiaccola
e portando notizie parlò e disse parola:
«Veneranda Demetra portatrice di messi,
splendidi doni,
chi tra gli dèi celesti e gli uomini mortali
rapì Persefone e ti gettò l'angoscia nel cuore?
Ho udito il suo grido ma non ho visto con gli
occhi
chi fosse: in breve t'ho raccontato la verità».
Così disse Ecate, non le rispose parole
la figlia chioma bella di Rea ma veloce con lei
s'avviò, tenendo nelle mani fiaccole ardenti.
Giunsero a Elios, che vigila sugli dèi e sugli
uomini,
stettero accanto ai cavalli, lo interrogò la dea
luminosa:
«Elios, abbi rispetto di me dea, se mai con
parole
o con opere fui gradita al tuo cuore e al tuo
animo.

La figlia che generai, un dolce germoglio, un
volto di luce:
di lei udii il lamento incessante per l'arido cielo
come se subisse violenza, ma non vidi con gli
occhi.
Tu, che su tutta la terra, su tutto il mare
dal cielo divino scruti con i tuoi raggi,
dimmi sinceramente se hai visto chi rapì la cara
figliola
di forza mentr'ero lontana, contro la sua
volontà,
ed è fuggito, uno degli dèi o degli uomini
mortali».
Così disse e a lei l'Iperionide rispose parola:
«Figlia di Rea chioma bella, regina Demetra,
saprai: molto rispetto ho per te, ti compiango
così angosciata per tua figlia snelle caviglie.
Nessun altro
è colpevole tra gli immortali se non Zeus
adunatore di nubi:
l'ha concessa ad Ade perché fosse detta sua
sposa fiorente,
a suo fratello, e questi verso l'abisso di tenebre
la trascinò sui cavalli, che gridava a gran voce.
Ma tu, dea, interrompi il grande lamento: non
bisogna

*coltivare senza ragione un'ira insaziabile, non è
disonore
avere per genero tra gli immortali Aidoneo
signore di molti,
tuo fratello, d'identica stirpe: ebbe il suo regno
quando all'inizio vi fu la divisione in tre parti
ed egli sta tra coloro di cui fu sorteggiato
sovrano».
Disse così, incitò i cavalli e subito questi al
richiamo
tirarono il carro veloce, simili ad uccelli dalle ali
distese.
A lei penetrò nel cuore un dolore più tremendo e*

feroce. "[4]

Se leggiamo attentamente questo mito,
apparentemente sembra esserci un
grande amore.

Un amore smisurato, forte e intenso
quello che spinge Ade a rapire Persefone.

---

[4]https://www.fondazionegraziottin.org/it/articol
o.php/Il-rapimento-di-
Persefone?EW_CHILD=21092

Un rapimento per amore, il sogno di Rebecca.

Così, come per amore, Ade la libera dagli inferi quando Demetra rivuole la figlia.

L'inganno era in agguato.

Ade prima che la sua Persefone salisse sul cocchio di Ermes, le fece mangiare un seme di melograno, compiendo in questo modo il sortilegio che le avrebbe impedito di rimanere per sempre sulla terra.

Avviene così lo stesso inganno perpetrato del marito di Rebecca, "Io ti darò amore e tutto ciò che tu desideri, ti darò l'amore, ti darò una famiglia, dei figli, ma alla fine tu non sarai libera mai, sarai la mia "schiava" rinuncerai a te per seguire e soddisfare i miei bisogni."

Rebecca si illude sempre di più del suo crescente amore con il passare del tempo, passando dal fidanzamento, al matrimonio, alla casa, ai figli, ai regali.

Il marito la illude sempre di più con i suoi molteplici inganni.

CAPITOLO II

2.1 L'innamoramento

Amore non è amore se muta quando scopre
un mutamento o tende a svanire quando
l'altro si allontana. Amore è un faro sempre
fisso che sovrasta
la tempesta e non vacilla mai.
Amore non muta in poche ore o settimane
ma impavido resiste al giorno estremo del
giudizio
Se questo è errore e mi sarà provato io non ho
mai scritto
E nessuno ha mai amato.

William Shakespeare

L'innamoramento crea legami stabili perché ci rende adattabili all'altro e perdura nel tempo.

Nell'innamoramento tutto ciò che è compiuto quotidianamente in relazione con l'amato assume un carattere di sacralità.

Qualunque cosa è vissuta con l'amato, qualunque gesto, anche banale, diviene speciale.

Nel fare una semplice passeggiata, il paesaggio è visto con un'ottica diversa, dove tutto è più bello. Lo stesso cibo, se mangiato con gli amici, ha un suo sapore, ma in una romantica cena a due quel cibo ha un sapore unico.

Tutto diviene straordinario nell'innamoramento.

Per gli innamorati tutto diviene meraviglioso, quasi sacro.

Anche persone sconosciute, appaiono amiche, radiose e solari. La natura è percepita, anche in pieno inverno, positiva per l'umore come in piena primavera.

Conquistato il coraggio di esternare i propri sentimenti, superata la timidezza ed il pudore, gli innamorati non provano vergogna di aver desiderio dell'altro/a.

Cercano così di soddisfare il loro bisogno di affetto.

Si tratta anche di un bisogno di mettersi alla prova e di essere guidati da qualcuno che unisca e condivida una certa nuova eccitazione della fisicità, della complicità, che sia molto diversa dall'affetto familiare.

Ci s'innamora a qualunque età, non solo in adolescenza come spesso si pensa.

Per gli adolescenti spesso è implicito il bisogno di diventare grandi come gli altri, inclusi i genitori, di contestarne la dipendenza e sentire altre possibilità di essere importanti per il compagno o compagna. Tutto ciò ha a che fare con la sfida e con l'accarezzare una possibilità alternativa.

Talvolta ci s'innamora di una persona poiché si pensa che lei sia come noi vorremmo che fosse. Ma spesse volte ciò è solo una proiezione del nostro bisogno di cambiare, dato che persona di cui ci si innamora non è come l'abbiamo vista.

Ciò porta spesso a delusioni che talvolta, in particolare nel caso dell'adolescenza, aiutano a crescere, grazie all'esperienza che sarà ridimensionata.

Nel caso di una persona adulta o di mezza età tale delusione potrebbe farle correre il rischio di una depressione.

2 .2 *La difficoltà ad innamorarsi*

A volte, per alcune persone, vi è la difficoltà nel lasciarsi andare all'innamoramento.

Alcuni uomini, ancora oggi, sono intrappolati in determinati modelli maschili di retaggio patriarcale, dove il maschio è quello "duro" e "forte", dove deve tenere a livello emotivo tutto dentro.

Tale modello è inadeguato e porta non poche difficoltà nel formarsi della coppia.

Affinché ci sia una connessione profonda tra l'uomo e la donna è necessario che entrambi siano in contatto con la propria parte profonda e si è disposti a scoprire chi siamo, al di là di ciò che già conosciamo di noi stessi.

Ciò avviene con non poche difficoltà poiché non c'è una predisposizione a mettersi in gioco. Amare significa proprio andare al di là di ciò che si conosce, potersi permettere di andare oltre il confine e sapere così se le parti di noi più nascoste e sconosciute, una volta emerse, verranno accettate dal nostro partner.

Per potersi affidare al partner è necessario avere coraggio, agire con il cuore solo così può nascere l'amore.

C'è chi fatica a dire: "Ti amo". Oggi è considerato banale, è segno di una prossima schiavitù, molti affermano di dimostrare l'amore con i fatti e non hanno, quindi, bisogno di dirlo a parole. La parola è un qualcosa di concreto, in amore la parola che viene scambiata tra gli innamorati è un dono, è il seme che feconda il terreno della coppia.

C'è chi crede che dire "ti amo" è come inflazionare l'amore e sminuirlo.

Tal espressione perde di significato, pertanto molti preferiscono preservarla per dirla in occasioni "speciali".

Invece, ogni occasione è quella speciale per dirlo, ogni momento è quello buono per affermarlo.

Una canzone di Lucio Battisti che s'intitola proprio: *"Aver Paura d'innamorarsi Troppo"*, spiega le paure dell'uomo nell'ammettere o dichiarare il proprio amore ad una donna:

"Aver paura d'innamorarsi troppo
non disarmarsi per non sciupare tutto
non dire niente per non tradir la mente
è un leggero dolore che però io non so più
sopportare.
Non farsi vivo e non telefonare
parlar di tutto per non parlar d'amore
cercar di farsi un po' desiderare è proprio un
vero dolore
Abbandonarsi senza più timori senza fede nei
falliti amori
e non studiarsi ubriacarsi di fiducia
per uscirne finalmente fuori
Aver paura di confessare tutto
per il pudore d'innamorarsi troppo
finger che anch'io le altre donne vedo
è un leggero dolor temere di mostrarsi
interamente nudo
e soffocare la sana gelosia
e controllarsi non dirti che sei mia
voler restare e invece andare via è proprio un
vero dolore
Abbandonarsi senza più timori senza fede nei
falliti amori
e non studiarsi ubriacarsi di fiducia
per uscirne finalmente fuori"[5]

Avere paura di uno dei sentimenti più profondi dell'essere umano. Che cosa è l'amore che spaventa le persone siano esse uomini o donne?

L'amore è sofferenza, pianto, gioia, sorriso. L'amore è felicità, tristezza e tormento. Non si ama con il cuore, si ama con l'anima che si impregna di storia, non si ama se non si soffre e non si ama se non si ha paura di perdere. Quando ami: vivi, forse male, forse bene, ma vivi. Allora muori quando smetti di amare, scompari quando non sei più amato. Se l'amore ti ferisce, cura le tue cicatrici e credici, sei vivo. Perché vivi per chi ami e per chi ti ama. (Merini A.)

Tutti siamo in cerca d tenerezza, attenzioni. Molti hanno paura di trovare ciò e di dover perdere poi ciò che hanno trovato.

---

[5] *"Aver paura di innamorarsi troppo"*, tratta dall'album: *"Una donna per amico"* del 1978. Tredicesimo album di Lucio Battisti.

Paura di amare incondizionatamente l'altro/a, di amarlo senza cercare di modificarlo/a.

"Amo in te
l'avventura della nave che va verso il polo
amo in te
l'audacia dei giocatori delle grandi scoperte
amo in te le cose lontane
amo in te l'impossibile
entro i tuoi occhi come in un bosco
pieno di sole
e sudato affamato infuriato
ho la passione del cacciatore
per mordere nella tua carne
amo in te l'impossibile
ma non la disperazione."

Nazim Hikmet

Non c'è solo l'incapacità di innamorarsi, ma anche l'incapacità di restare innamorati.

Oltre alla capacità d'integrazione della genialità con la capacità di provare tenerezza e di mantenere una stabile e profonda relazione oggettuale con una persona dell'altro sesso, nella relazione d'amore ci sono anche altri elementi. Sia la relazione oggettuale con un partner sessuale che lo sviluppo del Super-io. Solo le persone che hanno risolto i loro conflitti lungo il continuum dei compiti evolutivi, hanno la capacità di innamorarsi e di sviluppare un attaccamento appassionato in una stabile relazione d'amore (Balint M.).

La paura d'innamorarsi è conosciuta e condivisa da molti, una paura di tutti i giorni e di tante persone, vicina a noi e che quindi non necessariamente riguarda solo i pazienti psichiatrici.

La philofobia[6] è proprio la paura di innamorarsi, di lasciarsi andare, soprattutto

----

[6]Il philofobico è caratterizzato da insicurezza, incapacità di tranquillizzarsi ed abbandonarsi al sentimento, ha paura di sperimentare l'amore in un rapporto di coppia profondo e sincero. Spesso è una paura inconscia, di cui non ci si rende conto, che non si sa spiegare né ammettere spesso, ma che è alla base di tanti atteggiamenti e comportamenti che portano a non far crescere un rapporto.

nei primi mesi di rapporto, a quella meravigliosa sensazione che ci lega ad un'altra persona e che ci spinge ad idealizzarla, a crederla perfetta, a dedicarle tutti i nostri pensieri, a perdere l'appetito, a provare un forte desiderio di stare più tempo possibile con lei.

Se l'amore non entra nella nostra vita è perché non gli abbiamo permesso di entrare.

Le motivazioni possono essere molteplici, come le cicatrici di una precedente delusione sentimentale che impediscono di provare nuovamente a mettersi in gioco, o l'incapacità a mostrarsi sinceramente all'altro, nelle proprie debolezze e nei propri difetti, l'abitudine e l'egoismo di non abbandonare lo stile di vita e le libertà dell'esser single.

A livello relazionale la philofobia nasce in quelle persone che spesso hanno osservato storie conflittuali con genitori. I quali hanno, in maniera più o meno esplicita, sminuito e criticato il figlio.

Questo comportamento aumenta la paura di essere rifiutati e addirittura abbandonati.

È chiaro, quindi, che in tutte le situazioni in cui c'è la possibilità di amare ed essere amati, il philofobico fugge per il terrore di essere, o sentirsi, abbandonato proprio com'è accaduto con i propri genitori.

Non a caso le persone con questo disturbo sono uomini e donne che in carriera ottengono ottimi risultati, ma quest'accanimento lavorativo cela una sofferta solitudine forzata.

L'innamorarsi in inglese è tradotto: "To fall in love" ovvero di "cadere in amore", l'innamorarsi quindi come paura di insicurezza di base, insicurezza di una perdita di controllo sull'Io.

Gli scrittori antichi dicevano che si viene colpiti dall'amore, evocando l'immagine mitologica di Amore cieco.

Una paura non solo del philofobico, ma anche delle persone timide o introverse, ipersensibili al rifiuto che vengono ferite facilmente o temono di essere ferite se c'è un rifiuto da parte della persona amata.

La paura di innamorarsi, quindi, è vista e vissuta anche come paura di soffrire.

La paura dell'innamoramento è vissuta anche come una paura dei sentimenti e di conseguenza della vita stessa.

Chi non sa amare non riesce neanche a stare solo con l'oggetto d'amore. Ha bisogno di divertirsi e socializzare, magari preferisce solo brevi avventure sessuali. Ha quasi paura del momento in cui starà da solo con il proprio partner.

Le madri di questi soggetti sono state eccessivamente intrusive o talmente distaccate da non riuscire a mantenere il contatto con il bambino, lasciandogli la possibilità di starsene per conto suo da solo o stare in loro presenza (Bergmann S).

Il requisito basilare per una relazione matura e durevole fra due persone è l'avere la capacità di porsi in relazione con il proprio Sé e con gli altri (Kernberg O.).

Oltre ad un lavoro terapeutico per chi ha queste problematiche, ci vorrebbe, probabilmente, per tutti una sorta d'inno in cui credere per superare queste paure, un inno alla gioia della vita e alla possibilità di poter vivere le emozioni.

Un inno all'innamoramento è quello scritto da Benigni, in qualità del professore

di poesia Attilio De Giovanni, nel film:
"*La tigre e la neve*" del 2005.

"*Su, su, svelti, veloci, piano, con calma, non vi
affrettate.
Non scrivete subito poesie d'amore che sono le più
difficili, aspettate almeno un'ottantina di anni.
Scrivete su un altro argomento, che ne so…
sul mare, vento, un termosifone, un tram in
ritardo.
Non esiste una cosa più poetica di un'altra.
La poesia non è fuori, è dentro.
Cos'è la poesia? Non chiedermelo più, guardati
allo specchio, la poesia sei tu.
Vestitele bene le poesie.
Cercate bene le parole, dovete sceglierle.
A volte ci vogliono otto mesi per trovare una
parola.
Scegliete, perché la bellezza è cominciata quando
qualcuno ha cominciato a scegliere,
da Adamo ed Eva.
Lo sapete quanto c'ha messo Eva prima di
scegliere la foglia di fico giusta?
Ha sfogliato tutti i fichi del paradiso terrestre.
Innamoratevi.*

Se non vi innamorate è tutto morto.
Vi dovete innamorate e diventa tutto vivo, si
muove tutto.
Dilapidate la gioia, sperperate l'allegria.
Siate tristi e taciturni con l'esuberanza.
Fate soffiare in faccia alla gente la felicità.
Per trasmettere la felicità,
bisogna essere felici e per trasmettere il dolore
bisogna essere felici.
Siate felici.
Dovete partire, stare male soffrire.
Non abbiate paura a soffrire.
Tutto il mondo soffre.
E se non vi riesce, non avete i mezzi,
non vi preoccupate, tanto per fare poesia una
sola cosa è necessaria: tutto.
E non cercate la novità.
La novità è la cosa più vecchia che ci sia.
E se il verso non vi viene da questa posizione,
da questa, da così, buttatevi in terra, mettetevi
così.
E' da distesi che si vede il cielo.
Guarda che bellezza, perchè non mi ci sono
messo prima?!
Cosa guardate?
I poeti non guardano, vedono.
Fatevi obbedire dalle parole.

Se la parola è "muro" e "muro" non vi dà retta,
non usatela più per otto anni, così impara!
Questa è la bellezza come quei versi là che voglio
che rimangano scritti lì per sempre..
Forza, cancellate tutto!"

L'invito che fa Roberto Benigni è di innamorarsi in quanto l'innamoramento in sé porta diversi benefici per la salute e la psiche.

Essere innamorati è una sensazione magica. Se si è invaghiti, si naviga nelle acque torbide del corteggiamento, e si è beatamente accoppiati, il corpo e la mente funzionano meglio.

L'innamoramento può farci dimagrire, infatti, in questa fase non c'è l'attaccamento ai dolci, il corpo sta costantemente pompando fuori un neurotrasmettitore chiamato noradrenalina, che a sua volta produce adrenalina nascono così domande tipo:

Riuscirà a chiamare?
E lei mi ama?
Lei mi sta pensando ora?

Cosa sta facendo adesso?

Sarà il mio partner della vita?

Dove sta andando il nostro rapporto?.

Tutto ciò sopprime l'appetito.

Questo spiega perché la gente, di solito, perde peso quando inizia "a vedersi" con qualcuno.

La natura   e   la chimica dell'amore romantico vanno di pari passo (Fisher H.).

La dopamina rende più vigili, c'è un ricorso minore a cibi dannosi.

L'innamoramento aiuta a rafforzare l' umore, ad esempio il cielo sembra un po' più blu, sorridiamo a tutti coloro che attraversano il nostro cammino.

Si produce una sostanza chimica del cervello chiamata dopamina, uno avvincente che è responsabile di quei sentimenti di felicità, ottimismo e pazienza.

Quando "stai uscendo" con qualcuno di cui sei "pazzo", si concretizza un alto tasso di euforia.

C'è un aumento di energia che fa eccitare, coltivare diversi hobby, mangiare cibi nuovi e si è facilmente entusiasti anche delle più piccole cose.

Questa spinta all'umore consente alle persone che si amano di gestire il dolore fisico meglio delle persone single.

Inoltre, è prodotto anche un surplus di ossitocina, conosciuta anche come "l'ormone bonding", che ci fa sentire benissimo (Redford W.[7]).

L'innamoramento aiuta anche a sembrare più giovani.

Coloro che sono innamorati hanno uno sguardo felice e appaiono fisicamente più giovani di quelli che non sono innamorati. Questo perché l'ossitocina che scorre nelle loro vene innesca il rilascio di DHEA, un ormone anti-invecchiamento che fa scattare il restauro delle cellule.

Inoltre, il sesso spesso, contribuisce a rendere quel "bagliore" giovanile[8].

---

[7] Direttore del Behavioral Medicine Research Center della Duke University.

[8] David Weeks ha condotto uno studio su 3.500 persone, giovani per la loro età (avevano tutti metabolismi veloci, carnagione liscia e un buon tono muscolare). Per tutti la costante è stata una relazione monogama e felice.

L'innamoramento può far vivere più a lungo e in migliore salute rispetto ai loro omologhi singoli.[9]

Durante l'innamoramento si è meno propensi a rischiare la vita con il fumo o con pericolose abitudini alimentari se c'è una persona cara che conta molto su di noi[10], si tende ad essere più attenti per non lasciare il partner da solo senza di noi.

Spesso nella cura della propria persona si tiene in considerazione il vivere e lo stare in buona salute proprio in funzione del proprio partner.

---

[9] Dalla ricerca condotta presso la Utah State University. Gli autori dello studio attribuiscono un allungamento della vita a chi ha un'alta autostima di sé, in rapporto a una risposta positiva del partner, il che abbassa anche le probabilità di depressione.

[10] Gli scienziati della Wilkes University di Pennsylvania hanno intervistato persone di tutte le età circa la loro vita amorosa e valutato la forza dei loro sistemi immunitari, hanno scoperto che le persone innamorate avevano il 30 per cento in più di immunostimolanti rispetto a coloro che erano celibi.

Potremmo dire "non mi ammalo per non essere un peso" o anche "voglio essere sempre bella per lui".

2.3 Arriva ... l'innamoramento

I differenti processi che vanno dall'innamoramento all'amore e successivamente al matrimonio, al concepimento e alla gravidanza con conseguente nascita dei figli e genitorialità, comportano ognuno dei differenti e specifici compiti evolutivi.

Sono vere e proprie fasi con ciclo, crisi ed elaborazione, coinvolgendo le istanze psichiche dell'individuo e del Sé (Giannakoulas A.).

L'innamoramento è una fase più duratura rispetto all'infatuazione.

E' il preludio all'amore e al formarsi successivo della famiglia. Tale periodo può essere definito come una serie di emozioni bellissime, forse per molti sono le più belle della vita.

E' il momento cruciale che permette il formarsi della coppia, dove i due partner si scelgono vicendevolmente.

E' un tentativo di rinascere, di ricreare il proprio mondo attorno ad un nuovo centro.

Lo stato nascente dell'innamoramento è, tanto fisiologicamente come mentalmente, un processo di ringiovanimento. Questa tendenza della mente non cambia nel tempo.

Ci s'innamora a venti, a quaranta, a sessant'anni e possiamo innamorarci anche da vecchi, a ottant'anni.

La differenza nell'età è che i giovani possono effettivamente costruire una vita con il proprio amato. Per i vecchi è più difficile.

Si cerca l'appagamento, la possibilità di ottenere una totale soddisfazione del desiderio implicito nella relazione amorosa, e di conseguire un successo completo e come eterno di questa relazione. E' un'immagine paradisiaca del bene supremo da dare e ricevere (Barthes R.).

Tale fase è definita anche come "Folie à deux"[11]. Un vero e proprio disturbo

---

[11] La Folie à deux , descritta per la prima volta da LASEGUE e FALRET nel 1873. è una sindrome

mentale, dove la passione predomina, si giocano due realtà e due sogni, entra tra i due il gioco delle proiezioni e desideri con premesse entusiasmanti.

L'innamoramento è uno stato di follia ed i due innamorati realizzano un egoismo a due (Fromm E.).

Secondo Freud, infatti, l'amore è quanto c'è di più prossimo alla psicosi. Ne parla nella Gradiva, designa l'immagine dell'essere amato che accetta di entrare un po' nel delirio del soggetto amoroso per aiutarlo ad uscirne fuori. L'eroe della Gradiva è appunto un innamorato eccessivo, egli allucina quello che altri non farebbero che evocare.

L'antica Gradiva, figura di colei che egli ama senza saperlo, è vista come una persona reale: ecco il suo delirio. Per tirarlo fuori da lì, lei si conforma in un primo momento a questo delirio, vi entra e acconsente a farne parte, non rovina l'illusione per non destare bruscamente il

---

clinica caratterizzata da sintomi psicotici, principalmente da deliri condivisi da due o più persone che hanno una relazione vicina ed intima.

sognatore, si avvicina impercettibilmente al mito e alla realtà, l'esperienza amorosa stessa lo cura. (Barthes R.).

Il soggetto amoroso è colto dall'idea di essere o diventare pazzo. E' proprio nello stato amoroso che certi soggetti pieni di buonsenso intuiscono che la follia è lì davanti, possibile, vicinissima, una follia che travolgerebbe l'amore stesso (Barthes R.).

Quando ci s'innamora si «accendono» due zone cerebrali collegate all'energia e all'euforia.

Due persone che, magari non si conoscevano, non si erano mai viste prima, in poco tempo, a volte in pochi giorni, stabiliscono un legame profondo.

Avviene come un rapimento; il soggetto amoroso è catturato e ammaliato dall'immagine dell'oggetto amato, come si suol dire molte volte, è un colpo di fulmine (Barthes R.).

Il legame che si crea può divenire fortissimo tanto che spezza i legami precedenti come quello con i genitori. I due innamorati si svincolano dalle famiglie di origine decidendo di formare una coppia e successivamente una loro famiglia. Danno così inizio ad un nuovo progetto di vita.

La meta della nuova coppia non è di trasformarsi l'un l'altro, ma di conoscersi l'un l'altro ed imparare a vedere e rispettare nell'altro ciò che egli è: il nostro opposto e il nostro completamento (Hesse H.).

E' uno slancio enorme come un'auto con il motore a mille, ma senza direzione.

E' una passione cieca, si pensa e si ripensa sempre alla stessa persona. Si sorride se solo la si sente nominare. Ci si gira e rigira nel letto ed improvvisamente si è felici e buoni con tutto il mondo. Essere innamorati è stupendo.

Anche le cose che prima sembravano brutte, quando si è innamorati, acquistano una luce particolare.

Innamorarsi è una droga, amare è una medicina (Volo F.)

La sessualità facilita il senso di completa unità con il partner, è l'idealizzazione reciproca in base alla quale ogni membro della coppia propone inconsapevolmente all'altro ed a se stesso un'immagine ideale di Sé, che attrae l'altro in base a quanto questa corrisponde alla soluzione di antichi bisogni profondi (Malagoli Togliatti M., Lubrano Lavadera A., 2002).

Spesso non si è in grado di contrastare l'amore, come desiderio sessuale, poiché esso può essere anche una vera e propria passione travolgente.

È il caso di Paolo e Francesca:

"… Poi mi rivolsi a loro e parla' io, e cominciai: «Francesca, i tuoi martìri a lagrimar mi fanno tristo e pio. Ma dimmi: al tempo d'i dolci sospiri, a che e come concedette Amore che conosceste i dubbiosi disìri?». E quella a me: «Nessun maggior dolore che ricordarsi del tempo felice ne la miseria; e ciò sa 'l tuo dottore. Ma s'a conoscer la prima radice del nostro amor tu hai cotanto affetto, dirò come colui che piange e dice. Noi leggiavamo un giorno per diletto di Lancialotto come amor lo strinse; soli eravamo e sanza alcun sospetto. Per più fiate li occhi ci sospinse quella lettura, e scolorocci il viso; ma solo un punto fu quel che ci vinse. Quando leggemmo il disiato riso esser basciato da cotanto amante, questi, che mai da me non fia diviso, la bocca mi basciò tutto tremante. Galeotto fu 'l libro e chi lo

scrisse: quel giorno più non vi leggemmo avante».
Mentre che l'uno spirto questo disse, l'altro
piangea; sì che di pietade io venni men così com'io
morisse…"

I due amanti si trovano nella cerchia dei lussuriosi e sono condannati in eterno ad essere trasportati dalla bufera infernale che non si arresta mai.

Questo perché Paolo e Francesca furono travolti da una vera e propria tempesta d'amore. Francesca racconta che l'amore fece innamorare Paolo di lei e poi s'insidiò anche nel suo animo.

I due consumarono la loro passione, ma furono scoperti e uccisi da Gianciotto marito di Francesca e fratello di Paolo.

In questo caso, dunque, si tratta di un amore peccaminoso cui, però, nessuno dei due amanti ha saputo resistere.

Amore peccaminoso che non esisteva solo al tempo di "Paolo e Francesca", ma ancora oggi è vissuto intensamente da molti "amanti" e compare in diverse forme.

L'amore è complesso, ed è difficile archiviare una storia quando c'è un enorme sentimento alla base. Così come raccontato dal cantante Renga nel brano: "*Il mio giorno più bello al mondo*[12]".

In questa canzone si parla di una coppia che vive un amore tormentato, ma non riesce a separarsi.

Un amore a cui invano hanno cercato di porre fine, ma in realtà sempre conclusosi con la riappacificazione.

"Ricomincia nella notte questa storia troppe volte
E ha tirato botte
Colpi bassi mentre vivo
Che mi tolgono il respiro
E mi danno la certezza che mi ostinerò a mancarti senza raddrizzare il tiro
Quante volte avremmo detto con fermezza che tra noi era finita
Da domani ricomincia un'altra vita

---

[12] "*Il mio giorno più bello al mondo*", è di Francesco Renga. Pubblicato il 6 Maggio 2014, tratto dall'album: "Tempo reale".

Tranne poi tornare dove siamo stati sempre certi
di trovarci
Siamo sempre stati forti
A lasciarci negli abbracci
A proteggerci dai sassi
A difenderci dagli altri
A lasciarci i nostri spazi
A toccare con un dito questo cielo che spalanca
l'infinito
Quante volte ci ha deluso
E quante volte ci ha sorriso
Come te che mi hai dato
Il mio giorno più bello nel mondo
L'ho vissuto con te
Solo tu mi hai donato
Un sorriso che nasce anche quando un motivo
non c'è
E da quando c'è stato sembra schiudere tutte le
porte
Sembra schiuderle tutte le volte
Che sto con te
Non lasciamo che sia il tempo a cancellarci
senza un gesto
Far la fine dei graffiti abbandonati alle pareti
Lentamente sgretolati dalla pioggia e dal calore
Fino a quando c'è uno stronzo che passando li
rimuove

Senza avere la certezza di aver dato tutto
Prima di mollare, di tagliare corto
Di imboccare quella strada senza più un
rimorso
Fino a quando arriverà qualcuno che starà al
mio posto
A lasciarci negli abbracci
A proteggerci dai sassi
A difenderci dagli altri
A lasciarci i nostri spazi
A toccare con un dito questo cielo che spalanca
l'infinito
Quante volte ci ha deluso
E quante volte ci ha sorriso
Come te che mi hai dato
Il mio giorno più bello nel mondo
L'ho vissuto con te
E' con te che è iniziato
Il mio viaggio più bello nel mondo io l'ho fatto
con te
E' un sorriso che è nato
Sembra schiudere tutte le porte
Sembra schiuderle tutte le volte
Che sto conte
Eravamo solo due perduti amanti
Quando l'universo ha ricongiunto i punti
Sole luna caldo freddo in un secondo solo

Quando finalmente riprendiamo il giro
E' una sensazione che mi sembra innata come
se con me fossi sempre stata
Come se ti avessi sempre conosciuta
Ma la meraviglia è che ti ho incontrata
E sei tu che mi hai dato
I miei giorni più belli nel mondo li ho vissuti
con te
Solo tu mi hai donato un sorriso che nasce
anche quando un motivo non c'è
Sembri schiudere tutte le porte
Sembri schiuderle tutte le volte che sei con me
Sembri schiuderle tutte le volte
Che sto con te"

Le dinamiche alla base dell'innamoramento ancora oggi sono argomento del contemporaneo dibattito scientifico poiché vi influiscono numerosi fattori, riguardanti una molteplicità di discipline quali la biologia, la psicologia e la sociologia.

L'innamoramento non è solo un insieme di emozioni, di sensazioni, di percezioni, d'impulsi come appare dagli studi neurofisiologici, ma un complesso processo in cui due individui entrano in relazione, si trasformano e creano una nuova società e un nuovo progetto di vita.

Su un piano biologico, secondo la teoria evoluzionistica, l'uomo sceglie da sempre partner che gli diano maggiori probabilità di garantire la sopravvivenza della sua prole. Per i nostri antenati la sopravvivenza era un problema reale ed essere sicuri di procreare figli sani, forti ed in grado di sopravvivere ai pericoli e alle avversità era di vitale importanza.

Questa esigenza della specie si è tradotta nell'uomo e nella donna in meccanismi e strategie distinti di selezione dei propri partner.

Nell'uomo le strategie migliori per assicurarsi una buona discendenza sono state quelle di avere il maggior numero di rapporti sessuali con donne diverse.

Scegliere quelle caratteristiche femminili di per sé indicative di salute, come la giovinezza, la pelle liscia, un corpo e un viso ben proporzionati, fianchi larghi per accogliere un figlio nel grembo, erano fondamentali in quanto una donna "sana" poteva garantire di più la sopravvivenza della prole e dunque veniva preferita.

La bellezza è sempre stata un segnale di benessere fisico e di salute. Ancora oggi, come secoli fa, gli uomini sono maggiormente attratti da donne giovani e belle.

Le donne, invece, hanno da sempre preferito e scelto uomini con caratteristiche di maggiore disponibilità a proteggere ed accudire la famiglia.

Con la precisa finalità di massimizzare le probabilità di sopravvivenza dei propri figli, le donne hanno scelto nel corso dei millenni uomini forti o ricchi che fossero più "affidabili".

Le donne riscontrano una certa gradevolezza estetica verso gli uomini con i quali interagiscono in modo affettuoso con bambini, in quanto per loro può essere una garanzia di affidabilità (La Cerra P.).

L'innamoramento ha a che fare con uno stato del Sé alla ricerca di qualcosa fuori del Sé, per cui per innamorarsi bisogna essere nella condizione soggettiva adatta.

(Norsa D., Zavattini C.).

"Ci innamoriamo sempre dell'immagine che l'altro ci rimanda di noi, e dell'immagine che a lui rimandiamo. Da questo incrocio e scambio reciproco di immagini scaturisce quella che chiamiamo relazione" (Cancrini, Harrison).

"Ci si innamora delle relazioni e non delle persone. Ci disinnamoriamo perché l'altro continua a rinviarci sempre le stesse immagini che non ci emozionano più positivamente, o perché le nuove immagini che ci sono rimandate non ci piacciono. Le immagini ci piacciono a seconda dell'inviante e a seconda del momento del ciclo vitale".

Se ci pensiamo bene innamorarsi è uno degli eventi di vita che ci mette in una situazione d'impotenza e, per utilizzare un termine di Cesare Pavese, *nudità*: affidiamo all'altro pezzi della nostra vita, mettiamo in scena le nostre paure e i nostri difetti, ci spogliamo di ogni nostra maschera per affacciarci all'altro per quello che siamo realmente.

Possiamo anche cambiare comportamenti e atteggiamenti per "adattarci" all'altro, per sentirlo più vicino a noi, e attenuare così l'ansia di separazione.

Non tutti, però, sono in grado di mettersi in gioco così, alcuni preferiscono il ritiro in un mondo sicuro, fatto di certezze e nel quale nessuno potrà mai entrare.

L'amore, quindi, è vita. In quanto tale si contrappone alla morte.

A mettere in risalto questo contrasto è anche Leopardi in *Amore e Morte*[13].

Il significato etimologico della parola "amore" deriva dal latino A-mors, che significa: Senza Morte, e la morte cosa è?

È qualcosa Senza Vita.

---

[13] "*Amore e morte*" fu scritta da Leopardi nel 1832 a Firenze, mentre frequentava la signora Fanny Ronchivecchi Targioni Tozzetti. La poesia fa dunque parte del ciclo delle poesie che il poeta scrisse preso dall'accesa passione amorosa per Fanny Targioni Tozzetti.
Le prime quattro poesie furono scritte a Firenze nel vivo dell'infatuazione amorosa e sono: "Il pensiero dominante", "Consalvo", "Amore e Morte" "A se stesso"; La poesia "Aspasia", la quinta, fu l'ultima poesia del "Ciclo Aspasia" dedicato alla signora Fanny Targioni e fu scritta a Napoli, quando ormai il travaglio amoroso era passato.

Senza Vita significa Senza Fine, ed ecco anche il significato dell'amore come qualcosa senza fine e quindi eterno.

"La vita è una ciliegia/ la morte il nòcciolo/ l'amore il ciliegio" (Prevèrt J.).

'Fratelli, a un tempo stesso, Amore e Morte
ingenerò la sorte.
Cose quaggiù sì belle
altre il mondo non ha, non han le stelle.
Nasce dall'uno il bene,
nasce il piacer maggiore
che per lo mar dell'essere si trova;
l'altra ogni gran dolore,
ogni gran male annulla.
Bellissima fanciulla,
dolce a veder, non quale
la si dipinge la codarda gente,
gode il fanciullo Amore
accompagnar sovente;
e sorvolano insiem la via mortale,
primi conforti d'ogni saggio core.
Nè cor fu mai più saggio
che percosso d'amor, nè mai più forte
sprezzò l'infausta vita,
nè per altro signore
come per questo a perigliar fu pronto:

ch'ove tu porgi aita,
Amor, nasce il coraggio,
o si ridesta; e sapiente in opre,
non in pensiero invan, siccome suole,
divien l'umana prole.
Quando novellamente
nasce nel cor profondo
un amoroso affetto,
languido e stanco insiem con esso in petto
un desiderio di morir si sente:
come, non so: ma tale
d'amor vero e possente è il primo effetto
.....
Morte, sei tu dall'affannoso amante!
quante la sera, e quante
abbandonando all'alba il corpo stanco,
se beato chiamò s'indi giammai
non rilevasse il fianco,
nè tornasse a veder l'amara luce!
E spesso al suon della funebre squilla,
al canto che conduce
la gente morta al sempiterno obblio,
con più sospiri ardenti
dall'imo petto invidiò colui
che tra gli spenti ad abitar sen giva.
Fin la negletta plebe,
l'uom della villa, ignaro

d'ogni virtù che da saper deriva,
fin la donzella timidetta e schiva,
che già di morte al nome
sentì rizzar le chiome,
osa alla tomba, alle funeree bende
fermar lo sguardo di costanza pieno,
osa ferro e veleno
meditar lungamente,
e nell'indotta mente
la gentilezza del morir comprende.
Tanto alla morte inclina
d'amor la disciplina.

....

E tu, cui già dal cominciar degli anni
sempre onorata invoco,
bella Morte, pietosa
tu sola al mondo dei terreni affanni,
se celebrata mai
fosti da me, s'al tuo divino stato
l'onte del volgo ingrato
ricompensar tentai,
non tardar più, t'inchina
a disusati preghi,
chiudi alla luce omai
questi occhi tristi, o dell'età reina."

Il poeta afferma che Amore e Morte hanno generato la sorte.

Dall'Amore nasce il bene e quindi esso è perseguito dai fanciulli in quanto è capace di dare conforto al cuore durante il cammino tortuoso della vita. La morte, invece, causa solo dolore e annulla ogni male.

L'amore e la morte sono due aspetti della vita cosmica di Leopardi.

Il poeta esalta il sentimento di amore che, scatenandosi come un fulmine e facendo presentire un mondo tempestoso, induce il desiderio della morte. La morte, che annulla il dolore della tensione, è conforto di chi conosce il proprio vero bene e il poeta compiange sia la «codarda gente» che ne ha paura sia i saggi e i superficiali che non comprendono il sentimento tragico che lega amore e morte.

Leopardi considera la morte non come la vede la gente comune, codarda e vile, bensì come una bellissima fanciulla nel seno della quale egli, solo, sereno e addormentato spera di morire abbassando e abbandonando il capo.

Il poeta avverte la necessità delle illusioni: gloria, amor proprio, amor di patria, libertà, onore, virtù, amore per la donna. Tali sono secondo natura e costituiscono l'unico antidoto agli effetti della civiltà e della ragione, che hanno guastato il mondo moderno, *"tristissimo secolo di ragione e di lume"*.

Anche nella storia di Tristano e Isotta e di Romeo e Giuletta, oltre all'amore è presente la morte. In questo caso ci troviamo di fronte alla morte per amore che viene preferita alla separazione.

In ogni caso la separazione significa morte perché è un amore simbiotico. Quando questo sentimento di morte è vissuto come reale, allora non siamo più di fronte all'amore maturo, ma una regressione simbiotica. Considerando che l'amore fa vivere le emozioni che erano appartenute alla fase simbiotica (madre-bambino), ecco perché Shakespeare parla di amore in senso di nutrimento. Questo ci aiuta a capire anche perché le persone che temono l'amore hanno in realtà il timore di essere divorati dall'oggetto d'amore (Lewin B.)

"L'azione si svolge a Verona dove da anni due grandi famiglie, i Montecchi e i Capuleti, sono consegnati ad un odio inestinguibile (di cui si ignorano peraltro le cause).

Romeo, figlio ed erede della famiglia Montecchi, è innamorato della bella Rosalina e non teme di affrontare a questo riguardo gli scherzi dei suoi amici Benvolio e Mercuzio.

Capuleti, il capo della famiglia rivale, si prepara a dare una grande festa per permettere a sua figlia, Giulietta, di incontrare il nobile Paride. Quest'ultimo, in effetti, l'ha richiesta in matrimonio ed i genitori di Giulietta sono favorevoli a quest'unione. Romeo - che crede di trovarvi Rosalina - si autoinvita con gli amici Benvolio e Mercuzio a questo grande ballo mascherato, scorge Giulietta e resta folgorato dalla sua bellezza cadendo follemente innamorato di lei; è il colpo di fulmine reciproco. Le si avvicina e l'abbraccia due volte quindi si ritira. Romeo e Giulietta scoprono adesso la loro identità reciproca. Disperati si rendono conto di essersi innamorati ciascuno del proprio peggior nemico.

Al cader della notte, Romeo si nasconde nel giardino del Capuleti. Quindi si avvicina sotto il balcone di Giulietta e le dichiara il suo amore. Tutti e due fanno a gara nel pronunciare dichiarazioni d'amore appassionate. Perdutamente innamorato, Romeo si confida il giorno dopo con fra Lorenzo, il suo confessore. Inizialmente incredulo, fra Lorenzo promette tuttavia a Romeo di aiutarlo e di celebrare il suo matrimonio, nutrendo anche la speranza di riconciliare Capuleti e Montecchi.

Tebaldo cugino di Giulietta, sfida Romeo a duello. Ma il giovane - al colmo della felicità e pieno di una simpatia "fraterna" per l'aggressore - rifiuta di battersi. Mercuzio, il confidente ed amico di Romeo, giovane coraggioso e brillante, si affretta a sostituirlo battendosi contro Tebaldo. Quest'ultimo lo ferisce a morte. Mercuzio muore maledicendo il litigio delle due famiglie nemiche. Romeo vendica la morte del suo amico ed uccide Tebaldo. Romeo ormai ricercato deve fuggire in esilio.

Giulietta è in preda al dolore. Suo padre, reso inquieto dallo stato d'animo della figlia, decide di accelerarne il matrimonio con il conte Paride. Il matrimonio avrà luogo il giorno dopo. Giulietta si rifiuta. Suo padre la minaccia: o sposa Paride, o la disereda. Lei corre da fra Lorenzo che le propone di bere un filtro che può darle l'aspetto della morta per quaranta ore: credendola morta la chiuderanno nella tomba del Capuleti. Fra Lorenzo verrà allora con Romeo a liberarla. Il frate promette di informare Romeo dello stratagemma. Giulietta accetta il piano. Rimasta sola nella sua camera, beve il filtro. La mattina del giorno dopo la governante la scopre inanimata. Tutta la famiglia piange la morte di Giulietta. Fra Lorenzo fa sì che tutto si svolga secondo i suoi piani.

A Mantova, dove Romeo è in esilio, riceve la visita di Baldassarre, suo servo, che gli annuncia la morte di Giulietta. Egli ha soltanto un rapido pensiero: procurarsi del veleno e ritornare a Verona per morire accanto alla sua Giulietta. Durante questo lasso di tempo, fra Lorenzo apprende che un intoppo ha impedito al suo messaggero di informare Romeo del suo stratagemma. Decide di recarsi alla tomba del Capuleti per liberare Giulietta. Ma il dramma precipita.

Romeo si reca sulla tomba di Giulietta e vi incontra Paride venuto a portare fiori alla fidanzata morta. Un duello ha luogo tra i due giovani e Paride, morente, chiede a Romeo che accetta, di adagiarlo vicino a Giulietta. Romeo contempla la bellezza luminosa di Giulietta e l'abbraccia prima di bere il veleno e morire a sua volta. Fra Lorenzo è sconvolto nello scoprire i corpi di Romeo e di Paride. Assiste al risveglio di

Giulietta e tenta di convincerla a seguirlo e andarsi a rifugiare in convento. Ma Giulietta che scopre il corpo di Romeo mortogli vicino si pugnala con la spada del suo amante e muore al suo fianco.

Il principe, Capuleti, e il vecchio Montecchi si recano al cimitero. Fra Lorenzo narra loro la storia triste degli "amanti di Verona". I due padri sfiniti dal dolore deplorano quest'odio, causa delle loro disgrazia. Si riconciliano sul corpo dei loro figli e promettono di erigere alla loro memoria una statua d'oro puro".[14]

Anche Rebecca sarebbe "morta" per suo marito. Difatti per lui ha rinunciato ai suoi studi universitari e alla sua carriera lavorativa.

Lei sarebbe morta per amore, mentre poi si è accorta di "morire" per gli inganni e i tradimenti.

Differenza eclatante tra Rebecca e Giulietta è l'amore.

---

[14]
https://lafrusta.homestead.com/rec_shakespeare _romeo_giulietta.html

L'amato di Rebecca non si sarebbe mai ucciso o sacrificato per lei, pur facendoglielo credere. Ecco l'inganno di Narciso.

Giulietta e Romeo si uccisero per amore poiché le famiglie non volevano la loro unione, si uccisero per stare per sempre insieme. Questo pensiero non sfiorerebbe neanche lontanamente Narciso.

2.4 Perché abbiamo bisogno di innamorarci

"Nessun accorgimento culturale potrebbe realmente evitare al cucciolo d'uomo un'esperienza così dolorosa, ma così necessaria per la sua crescita così come il distacco dalla dimensione uroborica materna.

E' un distacco che lascia in noi una perenne nostalgia per quell'eden da cui siamo esiliati e con la nostalgia e la speranza di trovare un giorno quel paradiso perduto.

La scelta del partner sembra essere l'espressione di un gioco in cui l'attenzione indotta, diretta a cogliere degli elementi di interesse nell'aspetto o nel comportamento di una particolare persona ci accompagna ad una naturale selezione per tutti gli elementi del suo carattere e del rapporto con essa potrebbe rendere problematica.

Le relazioni parlano, quindi, di un gioco di pieni e di vuoti che consentono al rapporto di proseguire o interrompersi.

Il trauma legato all'interruzione diventa la premessa per una continua ricerca di ricostruzione del rapporto interrotto con l'aspirazione al raggiungimento di un paradiso perduto, individuato nello sfortunato legame realizzato, rispetto alle caratteristiche, nella ricerca del partner. Queste devono essere in grado di soddisfatte le aspettative implicite negli elementi del mito.

L'influenza dello stesso mito familiare dipende dalla forza e dalla ricchezza di quest'ultimo. Più sarà articolato, maggiori saranno le possibilità di scelta e quindi di valutare il grado di differenziazione e di elaborazione rispetto alle figure familiari più significative. La scelta del partner coinvolge solo in apparenza due persone, in realtà il rapporto che s'instaura presuppone una struttura di tipo triangolare, appartenente al contesto attuale o passato che fanno da termine di riferimento per quanto riguarda le caratteristiche del rapporto stesso.

Sembra che la scelta dell'altro venga effettuata rapidamente sulla base di impressioni legate ad una serie di messaggi a livello verbale e non che i due si inviano. Questi messaggi sono ad alto contenuto simbolico. Messaggi nei quali sono condensate immagini di significato pregnante. Il mantenimento di una relazione sembra essere collegato al concetto di appartenenza e separazione.

La separazione è in realtà un processo che può durare anche tutta la vita e la costruzione del nuovo legame sembra seguire un percorso che ha come punto di partenza il luogo o il tempo della separazione dalla precedente relazione e va in cerca nel nuovo di qualcosa che la ricordi e contemporaneamente la differenzi.

Gli elementi di somiglianza e di differenza fanno sì che il rapporto non rimanga casuale e si trasformi in un vincolo.

Separarsi dai rapporti passati significa anche correre il rischio di svuotare di significato la relazione attuale, ma è solo accettando tale rischio che la relazione può evolvere libera da vincoli di dipendenza" (Andolfi M., 1992).

La scelta del partner è quindi un processo interconnesso tra la storia individuale della persona e quella familiare.

Il partner viene scelto in genere per scelta complementare o per contrasto.

Nella scelta complementare o per somiglianza, la donna sceglie il proprio uomo che somigli in qualcosa al proprio padre, qualcosa che può essere sia fisico che psicologico così come l'uomo sceglie la propria compagna che somigli o gli ricordi qualcosa della propria madre.

Nella scelta per contrasto o differenza, si cerca un partner che abbia delle caratteristiche in apparenza contrapposte a quelle dei propri genitori, perché ritenuti magari dei modelli genitoriali non adeguati.

La persona che sta per innamorarsi soffre di una sensazione di disagio ed è consapevole di non essere all'altezza del proprio ideale dell'Io. L'amore permette di sfuggire a questa scontentezza interiore (Reik T.).

"L'unica via di salvezza di fronte alle qualità superiori di un'altra persona sta nell'amarla" (Goethe).

Per mantenere vivo l'amore, e far sì che ci si senta sempre innamorati dell'altro/a, bisognerebbe innamorarsi ogni giorno. Che cosa vuol dire innamorarsi ogni giorno? Vuol dire non darsi per scontati e considerare la persona che hai al tuo fianco come un dono.

Vuol dire alzarti al mattino e accarezzare il volto di chi ti trovi a fianco nel letto. Vuol dire superare le battaglie assieme, dove quella più difficile è la routine e i problemi quotidiani.

Vuol dire combattere per la gioia e la felicità dell'altro. Vuol dire mettere a volte un altro cuore al primo posto, prima del proprio.

Innamorarsi ogni giorno è scegliere di dire una cosa buona invece di dieci cose che non vanno.

Vuol dire scegliere di guardarsi negli occhi ed amarsi oggi, più di ieri.

Innamorarsi ogni giorno vuol dire raccogliere i semi di una gioia autentica, di quelle che non passano, di quelle che riempiono le giornate di colori, di quelle che sono una luce in mezzo al cuore. (*Littleword S.*).

Le persone sposate, non devono limitarsi a restare sposate, devono rinnovare continuamente il loro amore.

Devono passare dall'essere unite in coppia all'individuarsi come singoli, e successivamente dall'essere singoli al risposarsi.

Questo processo avviene ogni giorno o ogni ora, perfino durante la prima settimana di matrimonio.

"Periodicamente, a distanza di qualche anno, mi sembra di essere sposato ad una nuova moglie" (Whitaker C.).

CAPITOLO III

3.1 L'amore

*Come potrei convincerti che saprò amarti se non
sapessi amare me stesso? Come potrei renderti
felice se non potessi rendere felice me stesso?
Da questo momento mi tolgo ogni armatura,
ogni protezione. Con questo non ti sto dicendo
"viviamo insieme". Ti sto dicendo "Viviamo".
Punto. Non sono innamorato di te ... Io ti
amo.
Per questo sono sicuro. Nell'amare ci può
anche essere una fase di innamoramento,
ma non sempre nell'innamoramento
c'è vero amore. Io ti amo.
Come non ho mai amato nessuno prima.
E sono anche innamorato di te.
Fabio Volo*

La consequenziale evoluzione dell'innamoramento è proprio l'amore.

Esso è un sentimento complesso e coinvolgente che abbraccia diverse forme e sfumature in base anche alle esperienze e ai momenti di vita.

L'amore, infatti, ci accompagna per tutta la vita come una colonna sonora portante della nostra esistenza.

La principale differenza tra l'innamoramento e l'amore risiede nel fatto che nell'innamoramento domina l'onnipotenza dell'uno e dell'altra che è sostenuta da entrambi i partner. Nell'amore, invece, inizia a subentrare al posto dell'onnipotenza il sostegno reciproco delle rispettive potenzialità, manifeste o latenti che esse siano, dell'una o dell'altro dei due partner. Si crede al potenziale che l'altro diventi, poi, un buon marito/padre o una buona moglie/madre. (Giannakoulas A.).

Il sentimento predominante di Shakespeare nei confronti dell'amore è l'ambivalenza: "Il carattere agrodolce del cibo dell'amore viene sottolineato più volte. L'amore è dolcissimo e amaro mielato e aspro, delizioso e ripugnante, (fiele soffocante e zucchero selfico)" (Spurgeon C.).

Le metafore usate da Shakespeare per esprimere l'amore sono tutte orali: "L'amore non sazia mai. La brama si spegne come il ghiottone."

Di Cleopatra si dice che: le altre donne saziano gli appetiti che risvegliano, ma lei lascia tutti affamati.

Giuletta, l'eroina femminile che incarna l'amore più di ogni altra, dichiara: "la mia generosità è infinita come il mare. Il mio amore è come esso profondo."

L'amore, però, non si crea da solo, ma ha bisogno di essere curato e investito delle nostre attenzioni. L'amore di coppia, perché sia durevole deve, infatti, essere alimentato giorno per giorno.

Il segreto dell'amore duraturo è dunque quello di essere in grado di innamorarsi di nuovo della stessa persona.

Col passare degli anni è utile andare a ritrovare le cose che ci piacciono nel nostro compagno e nel rapporto che abbiamo con lui.

Godere dei momenti che si passano insieme, anche dei più semplici e quotidiani come il condividere il pasto. Non è un problema se nel tempo le cose che ci piacciono del partner o della relazione cambiano poiché con l'età cambiano le prospettive.

Ricordarsi cosa ci piace del nostro partner e della relazione con lui non vuole dire però ignorare cosa non va, ma solo evitare di focalizzarsi esclusivamente sulle negatività. Mantenere una prospettiva realistica su cosa sentiamo non funzionare ci permette di poter essere vigili e trovare la soluzione necessaria per un miglioramento.

Ogni giorno è un giorno buono per re-innamorarsi del proprio partner, perché l'amore e la compatibilità non sono dati a priori, ma si costruiscono nel tempo.

L'amore è una condizione di totale confidenza con noi stessi e con quello che ci circonda.

E' un'eterna giovinezza che non viene meno neanche in tarda età e non sfiorisce nemmeno al cospetto della morte.

Sebbene possa essere innescato da qualcuno/a fuori di noi, esso si nutre solo di se stesso in processo che si autoalimenta continuamente.

Amare è come essere in un'eterna primavera che il cuore vive ogni giorno.

Questa primavera ci rivitalizza il corpo, una forza in condizione di apertura verso l'esterno.

Quando essa assume intensità maggiori questa forza o sensazione sconfina nell'estasi.

Si fa un gran parlare di amore, e le frasi che lo descrivono sono innumerevoli.

L'amore, nella sua accezione comune, è invece un insieme di attaccamenti che nulla a che fare con la condizione di innamoramento.

L'amore è libertà ed esso ama manifestarsi come libera espressione dell'animo umano nella molteplicità delle potenzialità umane. Lo stesso concetto di coppia, la sua necessità vitale nella costituzione della società viene meno in una società evoluta dove le persone sono realmente innamorate di se stesse.

Invece di lasciare libero l'altro, di esprimersi secondo l'estro della sua manifestazione amorosa, sono stabiliti dei pattern di comportamenti sociali e familiari, dove spesso insorgono paure dettate da insicurezze.

Le regole di convivenza non dovrebbero essere stabilite per paura di, ma per la gioia di.

La *teoria triangolare dell'amore* vede l'amore come il risultato di tre componenti: Intimità, Passione e Decisione/Impegno, collocabili metaforicamente ai vertici di un triangolo (Stenberg R.)

Figura 1 Le componenti dell'amore

La componente *Intimità* si riferisce ai

sentimenti di confidenza, affinità, condivisione e il comune sentire responsabili dell'esperienza di unicità e calore.

Questa componente determina nella coppia la tendenza a prendersi cura dell'altro, ad aprire all'altro la propria autenticità e i propri sentimenti, a considerare il rapporto con l'altro speciale e di grande valore nella propria vita.

La componente *Passione* riguarda gli aspetti più impulsivi che possono caratterizzare una storia d'amore: attrazione fisica, desiderio sessuale, ma anche desiderio di appartenenza, di dominio o di sottomissione.

La componente *Decisione-Impegno* è distinta in due aspetti: la Decisione (aspetto a breve termine) è il primo passo che consiste nel decidere di amare qualcuno; l'Impegno (aspetto a lungo termine) consiste nell'impegno a mantenere nel tempo la relazione. I due aspetti possono essere disgiunti in quanto non sempre alla Decisione segue l'Impegno e non sempre l'Impegno è conseguenzadella Decisione.

Tipi o Forme d'amore

Le combinazioni fra queste tre componenti definiscono 7 tipi o forme di amore variamente rappresentate nelle relazioni reali.

Figura 2 Tipi o forme d'amore

Nella tabella seguente sono descritte le caratteristiche di ogni forma d'amore risultante dalle differenti combinazioni delle componenti della teoria triangolare dell'amore (Sternberg R.).

SIMPATIA (solo intimità)	In questo tipo di relazione vi è

	confidenza, calore e senso di unione fra i partner, ma senza le caratteristiche della passione e dell'impegno. Relazioni di questo genere sono paragonabili a vere e proprie amicizie.
INFATUAZIONE (solo passione)	Tipico dell'amore a prima vista, nasce e si sviluppa improvvisamente ma solitamente termina con una disillusione. Questo rapporto si basa sull'idealizzazion e dell'altro più

	che sulla sua reale conoscenza e dura solo se la relazione non viene effettivamente vissuta o comunque fino a quando uno dei due non si scontra con una delusione derivante dal confronto con la realtà.
AMORE VUOTO (solo decisione/impegno)	Uno o entrambi i componenti della coppia si impegnano a continuare la relazione in mancanza delle componenti di intimità e passione. Solitamente si

	tratta di rapporti nella loro fase finale, in cui i partner stanno insieme solo per tener fede a un impegno preso, per decisioni coscienti legate ai figli o per es. a considerazioni economiche.
AMORE ROMANTICO (intimità+passione)	Si tratta della forma tipica delle grandi e intense storie d'amore letterarie e cinematografiche. Spesso la componente impegno non è presente per via di ostacoli o circostanze esterne che impediscono alla coppia di

	progettare un futuro.
AMORE AMICIZIA (intimità+decisione/impegno)	È il caso per esempio di quei rapporti che durano da tanto tempo, consolidati sotto il profilo dell'intimità anche se hanno visto lentamente sfumare quello della passione.
AMORE FATUO (passione+decisione/impegno)	In questo tipo di relazione l'impegno è conseguenza solo della passione senza il supporto dell'intimità e della conoscenza reciproca. È il caso per esempio di matrimoni dettati da decisioni

	impulsive prese sull'onda dell'infatuazione. Queste relazioni corrono il rischio di frantumarsi quando si troveranno a fare i conti con un impegno non sentito.
AMORE VISSUTO (intimità+passione+impegno)	È l'amore completo che tutti sognano. Difficile (ma non impossibile) farne esperienza reale e soprattutto mantenerne vive le caratteristiche nel tempo.

3.2   Dall'amore alla coppia

Il processo di formazione della coppia inizia nel momento della scelta tra i due partner. S'innamorano, svolgono i rituali del corteggiamento e poi assumeranno una loro identità di coppia.

Da un punto di vista sistemico tutte le forme d'interazione, tra cui i gruppi di estranei, le famiglie e le coppie, possono essere considerate come dei sistemi, dei *"circuiti di retroazione"*, in cui, non solo ogni comportamento di una persona influenza il comportamento di tutte le altre, ma ne è a sua volta influenzato (Watzlawick P., Beavin J., Jackson D.).

La coppia quindi, come ogni altro sistema, in base al principio di *"non-sommatività"*, non è più vista come la semplice somma delle parti, ma come una struttura dinamica, in costante evoluzione, che emerge dal continuo interscambio tra le parti, la relazione tra i vari elementi del sistema, l'io, il tu e il noi (Satir V.,

Watzlawick P., Beavin J., Jackson D., Fruggeri L., Pasini W.).

La coppia non è la semplice unione tra due individui, ma l'incontro di due storie, è composta da tre parti: io, tu, noi, ovvero un animale a quattro zampe. Lui e lei, ed il modello di coppia e le aspettative di lui ed il modello di coppia e le aspettative di lei (Cancrini M.G., Harrison L.).

Come ogni sistema anche la coppia ha delle regole che la governano.

Esse rappresentano le definizioni implicite ed esplicite che i membri della coppia danno della loro relazione reciproca.

Non tutte le regole sono espresse o comunque comprese.

Le regole esplicite sono quelle di cui si è parlato apertamente, quelle implicite sono quelle che non sono state dichiarate esplicitamente, ma sulle quali entrambi i partner sarebbero d'accordo se fosse loro chiesto.

La violazione delle norme comporta delle sanzioni.

Spesso però le punizioni non sembrano avere alcun diretto rapporto con le violazioni essendo spesso indirette e sotterranee.

Molto spesso, infatti, il trasgressore non è messo nella condizione di capire il suo sbaglio e di come porvi rimedio in futuro. Anche in questo caso spesso i partner sono vittime della trappola che l'altro sappia già cosa ci piaccia e cosa ci fa soffrire.

Attraverso l'innamoramento o l'amore, la coppia può decidere di dar vita al matrimonio. Proprio con il matrimonio nasce la famiglia, avviene il primo ciclo di vita della stessa.

Il matrimonio come l'esito di una costruzione e traduzione dei desideri e dei bisogni individuali delle storie e delle culture familiari dei singoli.

Durante tutto il ciclo vitale, la famiglia farà una continua ricerca di equilibrio tra la necessità di mantenere la propria identità personale e la necessità di cambiare secondo la crescita.

Il rapporto di coppia è sano e dura nel tempo quando ciascuno dei due componenti mantiene intimità, passione, impegno e responsabilità nei confronti dell'altro, rispettandone la libertà. Nella coppia come nella famiglia c'è continuità e quindi un mutamento della relazione di coppia nel tempo.

Il matrimonio spesso è il passo precedente alla genitorialità. Essa apporta delle modifiche profonde all'universo comunicativo e rappresentativo della coppia.

Nell'innamoramento e nell'amore sembra impossibile introdurvi un altro, c'è una fusionalità metaforizzante dell'universo comunicativo.

E' una sorta d'illusione dove il capire realistico viene quasi messo da parte.

Con l'avvento della genitorialità, invece, vi è l'uscita da questa esclusiva diade a favore di un sentire e capire l'esterno, per venire incontro alla realtà, ovvero i bisogni corporei, affettivi, cognitivi e sociali del bambino.

La genitorialità non è decorativa, in altre parole non si aggiunge semplicemente allo stato precedente, ma è qualcosa che modifica completamente e durevolmente le personalità dei genitori e la coppia nel suo insieme, la quale diviene così una famiglia.

La nascita del bambino deve essere preceduta dall'elaborazione della crisi legata al passaggio della coppia dalla fase dell'innamoramento a quella dell'amore e della coniugalità, crisi che ha il suo principale compito evolutivo

nell'accettazione del non-me ovvero della realtà dell'altro (Giannakoulas).

Ci sono donne/uomini che scelgono di stare insieme al proprio partner per appagare il proprio desiderio, non solo per sentirsi amati, ma anche per non stare soli.

Talvolta uomini o donne scelgono di stare insieme, per motivi economici, per assicurarsi un futuro, per formarsi una famiglia, per fare contenti i propri genitori, o anche per sentirsi completi.

Si tratta di obiettivi che hanno alla base l'egoismo e il soddisfacimento dei propri desideri e interessi e sono perciò la molla che spesso spinge ad iniziare il processo di un potenziale innamoramento il cui fine ultimo dovrebbe essere lo sbocciare dell'amore.

Troppo spesso ci troviamo dinanzi ad amori non sbocciati che hanno qualcuno degli elementi base, ma che in fondo sono, incompleti.

Questo, purtroppo, accade spesso perché l'amore è come un fiore che si coltiva in due ed entrambi devono avere interesse che esso sbocci.

Se non c'è questo duplice interesse, l'amore vero non nascerà mai.

CAPITOLO IV

4.1 Un anno dopo ...

Trascorre diverso tempo, Rebecca comprende che forse non ha mai provato cosa sia una relazione amorosa intensa e stabile, dice che forse non è mai stata innamorata veramente.

Si è creato un legame simbiotico con il marito credendo che quello fosse l'amore, che essergli devota e fare tutto quello che lui voleva le garantisse l'amore, il vero amore.

... Incontra diversi uomini, ma tutti uguali al modello del marito, ogni volta nuove emozioni su cui s'interroga e m'interroga se quello che prova è amore o meno.

Dopo ogni delusione ci sono sempre le sue lacrime e le sue parole: lei è destinata nella vita a non sapere mai cosa sia l'amore.

… Fin quando un giorno non incontra per caso Vinicio, un palermitano, venuto per un evento a Napoli e che come lei balla salsa.

Iniziano a scriversi messaggi, si incontrano quando lui viene a Napoli o è lei che va a trovarlo.

Me ne parla entusiasta chiedendomi pareri. I suoi occhi non sono più lucidi per le lacrime, ma dalla gioia, sorride con gli occhi quando parla di lui.

… Prova ciò che non ha mai provato in tutta la sua vita. In pochi mesi prova emozioni nuove, dice che se somma le sue emozioni positive di tutta la vita non eguaglia quelle che sta provando adesso.

… E' andato via da pochi giorni, è stato qui una settimana. E' triste perché non c'è, ma lo sente, comunque, vicino nel cuore.

Mi fa leggere un sms che gli ha mandato il giorno dopo la partenza:

"Mi sono innamorata di te, ma non solo … di tante altre cose: di una stanza piccina che affacciava sul golfo di Sorrento, di un cuoppo pieno di pesciolini fritti, delle ciliegie che sapevano d'amore ... di un fico ribelle che cresceva a testa in giù; dei Romani e degli Etruschi ... dei dolorosi ricordi da bambina, della mia e della tua città ... degli abbracci, del sapore delle cozze ... del suono delle risate che echeggiavano in una grotta; di un carretto di fiori colorati ... non solo di te, ma di tutto ciò che vivo insieme a te. E' tutto nuovo e meravigliosamente interessante".

... Ormai sono trascorsi quasi quattro mesi dalla nuova relazione di Rebecca con Vinicio.

In questa fase della terapia di: intimità, confusione e affidamento (controtransfert e transfert), è probabile che il transfert sia divenuto più forte, e Rebecca per poter continuare la sua terapia e gestire le sue emozioni, abbia creato un transfert laterale.

Attraverso il transfert laterale su Vinicio, i sentimenti del transfert potevano finalmente essere espressi indirettamente attraverso le vicissitudini di una relazione reale esterna alla terapia.

La proiezione dei suoi sentimenti in un'altra relazione ha permesso a me di fare interpretazioni dirette con una giusta distanza dalla nostra relazione ed ha permesso a lei di non sentirle troppo ravvicinate e persecutorie.

Alcune sue frasi su Vinicio sono state molto significative:

- Lui … è come se mi leggesse dentro!
- Ha raccolto le mie lacrime di dolore.
- Quando parlo con lui il tempo vola e mi sento sempre libera, anche se piango dopo sto meglio, lui mi ascolta, mi comprende.

Rebecca ha detto che ha provato con quest'uomo emozioni e sensazioni mai provate prima nella vita, lui l'ha sconvolta in varie direzioni: nel leggerla, sentirla anticipando o chiarendo quello che pensava e provava.

E' stata sconvolta dal suo modo di essere unico e particolare, si è dedicato completamente a lei, non solo pensandola, ma volendo sapere anche cosa provava e pensava.

Si è sentita trattare come la donna più bella. Si è sentita desiderata in modo esponenziale, le ha donato passione, dolcezza, estasi ed emozioni inimmaginabili. Ha definito l'abbraccio di Vinicio unico, avvolgente che riempie.

Ora ha finalmente provato cosa vuol dire sentirsi uniti, l'uno nell'altra.

Pensa sempre a lui. Sebbene ci siano stati dei momenti difficili tra di loro, conseguenze al suo modo di essere, poiché inizialmente Rebecca ha trovato difficoltà nel capire ed entrare in un modo di vivere con lui come coppia.

Inizialmente l'ha trovato soffocante, anche con i momenti di gelosia, ma poi ha capito cosa provava per lui.

Ammira di lui il suo modo di affrontare i suoi problemi di salute, ammira di come egli sa gestire il suo lavoro.

E' stata colpita dall'interesse di Vinicio per tutto quello che fa parte della sua vita, All'inizio era strano, non nasconde che ne era anche infastidita, ma poi conoscendolo ha capito che lui è partecipe di tutto.

Ha provato passione, travolgimento, gelosia, desiderio, attrazione, interesse, curiosità, dolcezza, perversione e complicità.

Appena sentiva il bisogno di dire qualcosa a qualcuno subito pensava a lui.

Ha pensato ad una vita insieme a lui con i suoi figli.

Lo pensa appena sveglia e quando va a dormire. Le emozioni sono dentro il cuore.

Rebecca non aveva mai provato un orgasmo nella sua vita, l'ha provato per la prima volta proprio con Vinicio.

Ora sa rispondere con certezza alla domanda che le posi all'inizio della terapia: Lei si è mai innamorata?

Afferma con certezza che solo adesso sa cosa significa essere innamorata!

Rebecca ha cercato un modello di uomo diverso dal padre, definito da lei stessa: "Mio padre era un uomo debole quasi privo di personalità e succube di mia madre, ha mandato in rovina la nostra famiglia economicamente proprio per la sua debolezza. Ha fatto mangiare le nostre proprietà agli usurai per i debiti che faceva".

Ha voluto un modello di uomo sicuro, forte e deciso.

L'ex marito è appunto oggi un commercialista di successo, un uomo affermato nel suo lavoro e che sa farsi rispettare. Spesso lo definisce uno squalo.

Quando si sono conosciuti durante gli studi universitari, lui era un nuotatore; andava in giro per l'Italia e l'Europa a gareggiare, ha vinto anche diversi campionati.

Un ragazzo quindi forte fisicamente.

L'ex marito di Rebecca era proprio quello che lei cercava e voleva. Forte sia fisicamente che caratterialmente.

Il matrimonio le è servito, quindi, per potersi allontanare dalla famiglia di origine che non le piaceva, per poter evolvere.

In realtà, essendo lui un narcisista patologico, non sono mai divenuti una vera ed effettiva coppia, a Rebecca l'ex marito le è servito solo da traino per tirarla fuori dalla famiglia di origine.

Lui non ha mai amato Rebecca, le stava accanto perché lei gli era devota, faceva qualunque cosa di cui lui necessitasse o le comandasse.

Lei ha vissuto un'illusione di amore perfetto. Si è costruita, nella sua fantasia, un modello di uomo perfetto, era tutto quello che voleva ovvero ciò che non era il padre.

Ha scoperto in passato qualche probabile tradimento del marito, ma ha fatto finta di nulla:

" ... Una volta anni fa, trovai un fermacapelli di donna nella sua auto, mi disse che era di mia nipote, non chiesi a mia nipote se l'avesse perso ...

... Una sera tornò a casa, con il collo della camicia sporco di rossetto, disse che in ufficio avevano festeggiato il compleanno della sua collega e forse si era sporcato così con un bacio di auguri ...

... Ricordo che quando chiamò una donna sul suo cellulare, io risposi per non fargli perdere la chiamata visto che stava nell'altra stanza, pensando che fosse un sua cliente. Quando gli portai il cellulare, s'innervosì dicendomi che non dovevo più toccare il suo cellulare ...

... Nell'ultimo anno siamo usciti poche volte insieme, tornava sempre tardi dal lavoro o dalla piscina dicendo che era stanco ...

... Ora che ci penso, anche a letto non mi desiderava e non mi cercava più come una volta ...

... Se ci ripenso credo mi ha tradito anche più volte, forse anche con più donne, e io stupida che non mi sono mai accorta di nulla, solo questa volta che ho letto, che mi è stato sbattuto sotto il naso ...

... Una volta, era il periodo di Natale, entrai in gioielleria a comprare il regalo per un'amica. La moglie del gioielliere mi disse che mi sarebbe arrivato un bel regalo quel Natale. Non arrivò nessun regalo uscito da quella gioielleria. Tempo dopo, chiesi intimorita, disse che il gioielliere non aveva capito nulla, lui aveva specificato, era stato chiaro, era il regalo per una collega che gli aveva fatto diversi piaceri ...

… Per un periodo di tempo arrivavano strane telefonate a casa, voci camuffate che chiedevano sempre di lui, era sempre e solo per lavoro, se chiedevo maggiori spiegazioni lui si arrabbiava sempre …

… non volevo vedere, non lo volevo ammettere! … "

Rebecca ha chiesto il divorzio e l'ha ottenuto, economicamente si è trovata in crisi, sebbene lei lavori. Il suo tenore di vita con il divorzio è calato drasticamente.

Il marito è riuscito a darle il minimo sostegno economico che le spettava.

Rebecca questo lo sapeva già, ha sempre detto che contro uno "squalo" è difficile avere la meglio, ma non le importava: pure povera, ma lontana da lui.

Si è trovata sola, ha conosciuto altri uomini, sempre lontani dal modello del padre, ma simili al marito. Sempre uomini che non l'hanno apprezzata per come lei voleva.

Ci possiamo interrogare su cosa ora Rebecca abbia trovato in Vinicio.

E' un uomo diverso dagli altri, l'ascolta, comprende i suoi problemi, con lui si sente una donna da rispettare e non un oggetto.

Non sappiamo ora se questo è un vero innamoramento.

Sappiamo che a partire dalla terapia, ha sperimentato il potersi affidare.

In ogni caso adesso si è smosso qualcosa in lei e potrà provare un amore "diverso", magari reale, come ha sempre sognato in tutta la sua vita.

Bibliografia

- Andolfi M. Saccu C., "*Crisi di coppia e famiglia trigenerazionale*" in Andolfi,M.; Angelo. C., *La coppia in crisi*, I.T.F., Roma, 1992

- Andolfi M., "*La crisi della coppia. Una prospettiva sistemico-relazionale*", Raffaele Cortina Editore, 1999

- Balint M., "*On General love*" (1948) in: Primary love and Psychoanalatyc Tecnique, Tavistock London 1959

- Barthes R. , "*Frammenti di un discorso amoroso*". Et saggi, Ed. Einaudi. 2014

- Bergmann S., Kernberg O., "*Capacità di amare*". Bollati Boringhieri. 1993

- Cancrini M.G. , Harrison L., "*Potere in amore*". Editori riuniti, Roma, 1991

- Carotenuto A., *"La colomba di Kant"*, Gruppo Fabbri editore. Cortina,

- Eric Fromm, *"L'arte d'amare"*, Milano, Il saggiatore 1985

- Fisher H. *"Why We Love: The Nature and Chemistry of Romantic Love"*. Fenn and Company, 2004

- Giannakoulas A., *"Corteggiamento, innamoramento, amore e genitorialità"* in A.M.N. Corigliano (a cura di), curare la relazione. Saggi sulla psicanalisi e la coppia. Franco Angeli, Milano, 1996

- Gocci G., Occhini L. (1996), *"Appunti di Psicologia Sociale"*, Guerini Scientifica.- Sternberg R. (1986), "A triangular theory of Love", Psychological Review, 83, pp.119-135.- Sternberg R., Barnes M.L. (a cura di), La psicologia dell'Amore, Bompiani. 1990

- Hesse H., *"Narciso e Boccadoro"*, traduzione di Cristina Baseggio, Oscar classici moderni, Arnoldo Mondadori Editore, 2001

- La Cerra, Peggy, Bingham, Roger. (2002). *"The Origin of Mind: Evolution,*

Uniqueness, and the New Science of the Self". New York: Harmony Books.

- Lewin B. *"The Psychoanalysis of Elation"*, Norton, New York. 1950

- Malagoli Togliatti M., Lubrano Lavadera A., *"Dinamiche relazionali e ciclo di vita della famiglia"*. 2002
  Milano, 1999

- Neumann E., *"Amore e Psiche. Un'interpretazione nella psicologia del profondo"*, Astrolabio Ubaldini. 1989

- Norsa D., Zavattini C., *"Intimità e collusione, Teoria e tecnica della psicoterapia di coppia"*. Raffaello Cortina editore. 1997

- Perrella S., *"Opere"* (Amore e Psiche, Mondadori, Milano 2003

- Sternberg R.J. *"A triangular theory of love"*, in *Psychological Review*, 1986

- Thanopulos S., Trapanese G., *" La coppia simbiotica: tra richiesta di cura e accordo collusivo"* in: "Curare la relazione". Ed. Franco Angeli. 2014

- Watzlawick P., Beavin J.H., Jackson D.D. *"Pragmatica della comunicazione umana."* Roma. Astrolabio.1967

- Zani B. Cicognani E., "*Psicologa delle salute*", Società ed. il Mulino, Bologna, 2000.

129

L'Autore

*Giovanni Salierno è uno psicologo clinico e psicoterapeuta che lavora come libero professionista.
Laureato in:
Economia e Commercio,
in seguito ha conseguito la laurea in:
Psicologia dei Processi Relazionali e di Sviluppo
per poi specializzarsi in:
Psicologia Clinica e di Comunità
all'università Federico II di Napoli.
Ha conseguito il Master triennale in:
Psicodiagnostica
e la specializzazione in Psicoterapia:
Sistemico - Relazionale e Familiare.
Ha conseguito il titolo di: TangoTerapeuta.*

Si è occupato per anni di narcisismo patologico e dipendenze affettive per aiutare diversi pazienti ad uscire da relazioni tossiche.
Adesso vive a Napoli, collabora con diverse associazioni private.
Tiene, inoltre, differenti percorsi emozionali di benessere psico-fisico attraverso lavori di gruppo.

Contatti

Pagina Facebook:
Dottor Giovanni Salierno

Gruppo Facebook:
L'illusione di Eco ... l'inganno di Narciso

Instagram:
Dottor_Giovanni_Salierno

Ringraziamenti

*... a Rebecca
che è stata felice di
essere protagonista
sperando che altre donne
possano comprendere
attraverso la sua storia*

*... speciali a mia madre
... lei sa il perchè*

www.ingramcontent.com/pod-product-compliance
Lightning Source LLC
Chambersburg PA
CBHW031125250726
48655CB00002B/525